A History
of Middle Eastern Countries

中东国家史
610—2000

哈全安 ◎ 著

奥斯曼帝国史

天津出版传媒集团

天津人民出版社

图书在版编目(CIP)数据

奥斯曼帝国史 / 哈全安著. –– 天津：天津人民出版社，2016.3（2022.8 重印）

（中东国家史：610~2000）

ISBN 978–7–201–10110–1

Ⅰ. ①奥… Ⅱ. ①哈… Ⅲ. ①奥斯曼帝国–历史–610~2000 Ⅳ. ①K374.3

中国版本图书馆 CIP 数据核字(2016)第 022919 号

奥斯曼帝国史
AOSIMAN DIGUO SHI

出　　版	天津人民出版社
出 版 人	刘　庆
地　　址	天津市和平区西康路 35 号康岳大厦
邮政编码	300051
邮购电话	(022)23332469
电子信箱	reader@tjrmcbs.com

策　　划	任　洁
责任编辑	康悦怡
装帧设计	卢炀炀

印　　刷	高教社(天津)印务有限公司
经　　销	新华书店
开　　本	787×1092 毫米　1/16
印　　张	13
字　　数	155 千字
版次印次	2016 年 3 月第 1 版　2022 年 8 月第 4 次印刷
定　　价	39.00 元

目　录

中东国家史概述 ……………………………………………… （1）

前言 ……………………………………………………………… （1）

第一章　奥斯曼帝国的崛起 ………………………………… （11）

一、从伊斯兰教传入中亚到塞尔柱突厥苏丹国 …… （13）

二、从蒙古西征到奥斯曼国家的兴起 …………… （22）

三、奥斯曼国家的扩张 …………………………… （27）

四、奥斯曼国家的政治与宗教 …………………… （34）

五、奥斯曼帝国的社会与经济 …………………… （47）

第二章　奥斯曼帝国黄金时代的结束 …………………… （63）

一、苏丹权力的式微 ……………………………… （65）

二、包税制的兴起 ………………………………… （67）

三、商路转移与价格革命 ………………………… （69）

四、对外战争的败绩 ……………………………… （71）

第三章　自上而下的新政举措与宪政运动 …………… （75）

一、塞里姆三世与马哈茂德二世的新政举措 …… （77）

二、花厅御诏与坦泽马特时代的改革 …………… （81）

三、宪政运动 ……………………………………… （86）

第四章 传统经济社会秩序的衰落 …………………（91）

一、1800 年前后奥斯曼帝国的经济社会结构 ……（93）

二、西方列强的贸易扩张 …………………………（98）

三、市场化进程的启动 …………………………（103）

四、智力的觉醒 …………………………………（110）

第五章 从青年土耳其党革命到奥斯曼帝国的灭亡 ……（113）

一、青年土耳其党革命 …………………………（115）

二、奥斯曼帝国的终结 …………………………（122）

附录一：伊斯兰传统文明的基本特征 …………………（125）

一、教俗合一的国家形态 …………………………（122）

二、国家所有制的土地制度 ………………………（132）

三、穆斯林与非穆斯林的社会对立 ………………（136）

附录二：中东现代化进程的历史轨迹 …………………（139）

一、教俗合一的国家形态 …………………………（141）

二、中东现代化进程的启动 ………………………（143）

三、现代民族国家的兴起与绝对主义的现代化模式

………………………………………………（147）

四、工业化的演进趋势 …………………………（152）

五、地权的演变与乡村农业的发展 ………………（155）

六、社会生活的变迁 ……………………………（160）

七、宪政制度与民主化进程 ………………………（164）

八、世俗主义与伊斯兰主义 ………………………（169）

本书引用的参考文献 …………………………………（175）

索引 ……………………………………………………（178）

中东国家史概述

中东地处欧亚非大陆的中央地带，自古以来便是东西方交往的重要通道。四通八达的地理位置导致中东人口分布的复合结构和多元色彩，闪含语系、印欧语系和阿尔泰语系的诸多分支在中东漫长的历史进程中留下了各自的印记。不同文明的汇聚与冲突，构成中东历史的鲜明特征。

中东地区的古代文明可以上溯到公元前3500年，两河流域南部的苏美尔人在美索不达米亚建立了最初的城邦文明。继苏美尔人之后，闪含语系的阿卡德人、阿摩利人、亚述人和迦勒底人先后征服诸多的敌对势力，在美索不达米亚及其周边地带建立起具有相当规模的统一国家。与此同时，闪含语系的古埃及人崛起于尼罗河流域，吉萨的金字塔和卢克索的神庙群构成古埃及文明的集中体现。埃兰人、克塞人、喜克索斯人、腓力斯丁人、腓尼基人、希伯莱人、赫梯人亦曾粉墨登场,角逐于中东的历史舞台。至公元前 6 世纪,称雄中东的闪含语系诸多分支日渐衰微,印欧语系的重要分支波斯人异军突起,成为主宰中东命运的统治民族;在阿黑门尼德王朝的鼎盛阶段,波斯人一度控制西起尼罗河、东至阿姆河的辽阔疆域。公元前 3 世纪,马其顿国王亚历山大自希腊起兵,东征波斯帝国,阿黑门尼德王朝寿终正寝。此后数百年间,波斯帝国的安息王朝和萨珊王朝领有伊朗高原和美索不达米亚大部,同为印欧语系分支的希腊人和罗马人相继控制东地中海沿岸,进而在中东地区形成东西对峙的态势。

阿拉伯半岛由于特定的地理环境,虽为三大古代文明发源地所环绕,却在相当长时期内仿佛被喧嚣的文明社会所遗忘。伊斯兰教诞生前的百余年间,为了夺取有限的生活资源和必要的生存空间,阿拉伯人之间的相互劫掠连绵不断,血族厮杀旷日持久,部落战争遍及整个半岛。公元 7 世纪初,地处阿拉伯半岛西部荒漠的麦加和麦地那犹如两颗冉冉升起的新星,照耀着"两洋三洲五海"世界的古老大地。610 年至 622 年间,先知穆罕默德在麦加以安拉的名义传布启示,遭到古莱西人的抵制,初兴的伊斯兰教面临夭折的危险。622 年,先知穆罕默德及其追随者离开麦加前往麦地那。先知穆罕默德与麦地那的居民订立一系列协议,政教合一的穆斯林公社"温麦"在麦地那建立。徙志标志着伊斯兰国家的起点,温麦构成伊斯兰国家的最初形态。徙志是早期伊斯兰教历史上的重大转折,它开启了伊斯兰教历史的新纪元。伊斯兰教摆脱了濒临夭折的境地,文明的萌芽开始植根于麦地那绿洲的沃土之中。先知穆罕默德作为伊斯兰文明的缔造者,成为伊斯兰国家无可替代的唯一领袖。先知穆罕默德发动对麦加古莱西人、阿拉伯半岛的犹太人以及贝都因人的圣战,伊斯兰文明在阿拉伯半岛初步确立。

632年,先知穆罕默德在麦地那与世长辞。经过穆斯林核心人物的协商,麦地那的穆斯林共同拥戴阿布·伯克尔作为先知穆罕默德的继承人"哈里发",担任教俗合一伊斯兰国家的领袖,伊斯兰世界从此进入哈里发国家的时代。哈里发国家历经麦地那哈里发国家、倭马亚王朝和阿拔斯王朝三个发展阶段。

麦地那哈里发国家(632—661年)以麦地那为首都,阿拉伯半岛西部的希贾兹地区是国家的政治中心。麦地那哈里发国家采用共和政体,四位哈里发均由选举或协商产生,新兴伊斯兰贵族的统治是共和政体的实质所在。阿布·伯克尔当政时期,"里达"风波得以平息,整个阿拉伯半岛的政治统一遂成定局。新兴的伊斯兰文明一旦在阿拉伯半岛取得胜利,便开始以不可阻挡的迅猛势头冲击半岛周围的广大地区。阿布·伯克尔于633年正式发动了震撼世界的军事扩张运动,将圣战的矛头首先指向富庶的叙利亚地区。穆斯林战士兵分数路向东西两个方向进军,分别攻入叙利亚和伊拉克地区,与拜占廷帝国和波斯帝国的军队展开激烈的战争。

麦地那哈里发国家的第二任哈里发欧默尔是继先知穆罕默德之后伊斯兰国家的第二位奠基人,他继续推行军事扩张政策,并为哈里发国家确定了基本的政治制度,即伊斯兰教神权统治与阿拉伯人的民族统治合而为一。欧默尔在麦地那设立称作"迪万"的财政机构,统一管理国库收支,并且根据与先知穆罕默德的亲缘关系和宗教资历,实行年金的差额分配。他还颁布法令,将先知穆罕默德徙志之年作为伊斯兰教历的纪元,以阿拉伯传统历法的该年岁首(即公元622年7月16日)作为伊斯兰教历元年的开端。

麦地那哈里发国家的第三任哈里发奥斯曼统治前期,哈里发国家的征服和扩张运动达到高潮。阿拉伯军队在西部攻入马格里布和努比亚,东部横扫伊朗高原直至河中地区。奥斯曼当政后期,哈里发国家的攻势逐渐减弱,阿拉伯社会内部的矛盾对立开始出现。奥斯曼成为圣门弟子和部族势力的共同敌人,全国范围内都出现了反对奥斯曼统治的浪潮,阿拉伯战士发动叛乱并进入麦地那围攻哈里发奥斯曼。哈里发奥斯曼的死亡揭开了穆斯林内战的序幕,他的坟墓埋葬了穆斯林国家内部的和平。

麦地那哈里发国家的第四任哈里发阿里即位之初,哈里发国家核心政治集团之间发生了激烈的权力争夺,原本统一的伊斯兰国家政权一度三分天下。一些伊斯兰教贵族不承认阿里出任哈里发的合法地位,于是聚集到巴士拉与阿里分庭抗礼。"骆驼之战"在伊斯兰历史上首开穆斯林内战之先河,近万名阿拉伯战士和众多圣门弟子阵亡。此外,倭马亚氏族领导人穆阿威叶拥兵自立,并以为奥斯曼复仇的名义,与阿里抗衡。661年阿里在库法遭到暗杀,标志着麦地那哈里发时代的结束。麦地那哈里发时代是一个充满虔敬安拉之宗教激情的时代,浓厚的平等色彩和强烈的民主倾向是这个时代的突出特征。信仰伊斯兰教的阿拉伯人在圣战的旗帜下走出贫瘠的家园,作为崭新的统治民族登上中东的历史舞台,以武力征服建立了一个地域广阔的阿拉伯帝国。

大约在阿里遇难的同时,穆阿威叶出任哈里发并定都大马士革,开始了倭马亚王朝(661—750年)的统治,叙利亚地区是倭马亚哈里发国家的政治中心。阿里的长子哈桑放弃争夺哈里发权位,穆斯林内战结束,伊斯兰世界恢复了统一。穆阿威叶即位以后,适应哈里发国家大多数臣民尚未皈依伊斯兰教的社会现实,改变麦地那时代信仰至上和神权统治的原则,着力淡化穆斯林与非穆斯林之间的差异和对立,实行非伊斯兰教化色彩的世俗统治。穆阿威叶统治时期,哈里发国家的内部恢复了和平和秩序,阿拉伯帝国的疆域得到进一步的扩展。679年,穆阿威叶宣布废除哈里发选举产生的传统原则,指定其子叶齐德作为继承人,从而开创哈里发家族世袭的政治制度,穆阿威叶因此区别于麦地那时代诸哈里发,成为伊斯兰历史上的第一位君王。680年,穆阿威叶病逝于大马士革,其子叶齐德承袭父职,出任哈里发。叶齐德即位后,反对倭马亚人的社会势力拒绝承认叶齐德出任哈里发的合法地位,并迎请先知穆罕默德的外孙,阿里的次子侯赛因前往库法出任哈里发。侯赛因在卡尔巴拉遇难导致伊斯兰世界内战再起。希贾兹传统势力的代表阿卜杜拉·祖拜尔以"圣族保护者"的名义在麦加被拥立为哈里发,公开反对倭马亚王朝,阿拉伯帝国出现两个哈里发并存的局面,伊斯兰世界处于分裂的状态,倭马亚王朝面临严重的政治危机。692年,倭马亚王朝哈里发马立克派遣军队攻击麦加,双方对抗达半年之久,最终阿卜杜拉·祖拜尔战败被杀,穆斯林内战得以平息。阿卜杜拉·祖拜尔的失败,意味着圣门弟子政治势力的衰落和共和政体的彻底崩溃。马立克的胜利,不仅重建了伊斯兰世界的政治统一,而且标志着君主制排斥和否定共和制之历史进程的最终完成。君主制明确了权位的继承,避免了内战的隐患,有助于和平的实现,有助于社会的稳定和社会的发展。倭马亚时代的君主制取代麦地那时代的共和制,在当时的历史条件下,是一场政治革命,是历史的巨大进步。马立克统治时期,完善国家的官僚体制,强化哈里发对行省的控制,组建了哈里发国家的常备军。马立克还实施语言改革和币制改革,有力地推动了伊斯兰世界的阿拉伯语化进程,为伊斯兰世界各地的交往提供了必要的条件。马立克当政期间,穆斯林内战平息,伊斯兰世界重新统一,哈里发国家随之开始发动新的扩张。至韦里德和苏莱曼当政期间,倭马亚王朝的军事征服达到顶峰。穆斯林军队向东攻入中亚和印度,向西征服西班牙并挥戈进入法国。倭马亚王朝进入鼎盛的时期,大马士革的哈里发统治着西起马格里布和伊比利亚半岛、东至锡尔河流域和印度河流域的广大地区。

伴随着倭马亚王朝疆域的拓展，伊斯兰教的传播范围不断扩大。至倭马亚王朝后期，波斯人和柏柏尔人等被征服民族中的伊斯兰教皈依者在数量上已经超过阿拉伯血统的穆斯林。倭马亚王朝沿袭麦地那哈里发国家的历史传统，强调阿拉伯人与伊斯兰教合而为一的政治原则，实行阿拉伯穆斯林对于非阿拉伯血统异教人口的统治。非阿拉伯血统的异教臣民改宗伊斯兰教以后，却得不到相应的权利和地位。他们不肯长期屈居阿拉伯人之下，柏柏尔人和突厥人屡屡反叛。此外，与先知穆罕默德具有亲缘关系的阿拔斯人指责倭马亚哈里发抛弃先知穆罕默德的教诲和背离伊斯兰教的准则，否定倭马亚人出任哈里发的合法地位，要求重新确立先知穆罕默德的家族在伊斯兰世界中的核心地位和神圣权力。743年哈里发希沙姆死后，倭马亚哈里发国家进入动荡时期。倭马亚人相互倾轧，哈里发频繁更替。倭马亚王朝众叛亲离，四面楚歌，往日辉煌的基业只剩下断壁残垣。同时，阿拔斯家族在呼罗珊建立了反对倭马亚王朝的根据地，发动了以"归权先知家族"和实现穆斯林平等为宗旨的大规模起义。750年，倭马亚王朝哈里发麦尔旺二世在埃及被阿拔斯人杀死，倭马亚王朝灭亡。倭马亚王朝的覆灭，标志着伊斯兰历史上阿拉伯人统治时代的结束。

阿拔斯王朝（750—1258年）的建立，标志着伊斯兰世界的历史进入崭新阶段。阿拔斯王朝营建新都巴格达，伊斯兰世界的政治重心逐渐东移，伊拉克成为哈里发国家的中心所在，呼罗珊地区获得举足轻重的地位。阿拉伯人垄断国家政权的时代宣告结束，非阿拉伯血统的穆斯林贵族成为伊斯兰世界的重要政治势力。信仰的差异逐渐取代民族的对立，成为哈里发国家社会矛盾的重要表现形式，进而导致伊斯兰神权政治的重建，国家制度具有浓厚的宗教色彩。阿拔斯王朝建立之初，国内局势尚不稳定，哈里发的首要任务是铲除政治隐患和排斥异己势力。倭马亚家族的80余人悉遭杀害，库法的哈希姆派首

领被处死,阿里家族的成员也遭到追捕和迫害,起兵反抗的阿里家族
成员全部被处死。阿布·阿拔斯在位期间,哈里发国家的政治格局表
现为东西分治的倾向。格罗斯山的东西两侧分属呼罗珊总督阿布·穆
斯林和哈里发阿布·阿拔斯统辖。哈里发曼苏尔击败阿卜杜拉·阿里
领导的叙利亚叛军之后,又处死了阿拔斯王朝的开国元勋阿布·穆斯
林,从此以后,哈里发一统天下,建立了高度集中的中央政权。曼苏尔
的励精图治为阿拔斯王朝奠定了坚实的基业。哈里发马赫迪强调阿
拔斯人与先知穆罕默德的血亲关系,进而奠定了阿拔斯哈里发国家
权力合法性的理论基础。马赫迪还采取安抚的手段,极力缓解什叶派
与阿拔斯人的对立。哈里发哈迪即位以后,以武力镇压了什叶派在哈
里发国家腹地发动的最后一次起义。哈里发哈伦当政期间,哈里发国
家进入伊斯兰帝国历史上的鼎盛时期。哈伦致力于征讨拜占廷的圣
战,统领庞大军队远征小亚细亚,攻陷赫拉克利亚、泰阿纳、伊科纽姆
和以弗所等地,迫使拜占廷皇帝尼斯福鲁斯纳贡乞和。阿拔斯王朝与
欧洲西部的法兰克王国交往与合作,双方多次遣使互访,互赠礼品以
示友好。哈伦还曾接待过来自印度的使团,他们向哈里发赠送了许多
贵重的礼品。阿拔斯王朝前期,哈里发的集权统治借助于教俗合一的
形式达到顶峰。哈里发俨然成为国家权力的化身,通过规模庞大的官
僚体系和四通八达的驿政体系实现对中央和地方的控制。日益完善
的税收制度为阿拔斯王朝前期的集权政治提供了重要基础,行省权
力分割的制度则是哈里发集权政治的重要保障,职业化军队的建立
是哈里发集权政治的重要工具。

　　哈伦之子艾敏与马蒙之间的战争,是阿拔斯王朝政治嬗变的重
要分界线。9世纪以后,来自伊斯兰世界边缘地带的外籍势力开始涉
足哈里发国家的政坛,土著政权相继割据自立,阿拔斯王朝的辖地日
渐缩小,阿拔斯哈里发的集权统治日渐衰微,教俗合一的权力体制趋

于废止。外籍新军的政治势力不断扩展，逐渐威胁到哈里发的地位。穆台瓦基勒是第一位被外籍将领谋杀的哈里发。穆格台迪尔是最后一位领有伊拉克、叙利亚、埃及和伊朗西部诸地的阿拔斯王朝哈里发。嘎希尔当政期间，哈里发所领有的疆域只剩下伊拉克中部一带。936年，哈里发拉迪正式赐封瓦西兑守将穆罕默德·拉伊克"总艾米尔"的称号，赐予他兼领艾米尔的军事权力与维齐尔的行政权力。总艾米尔的设置，标志着哈里发国家教俗合一权力体制的结束。此后历任哈里发仅仅被视作伊斯兰世界的宗教领袖，其原有的世俗权力丧失殆尽。

　　复合的政治结构和多元的政治基础，是阿拔斯哈里发国家区别于麦地那哈里发国家和倭马亚哈里发国家的重要特点。阿拔斯时代，包括波斯人、突厥人、柏柏尔人、库尔德人、塞加西亚人在内的非阿拉伯人中皈依伊斯兰教者日渐增多，尤其是波斯人和突厥人的政治势力迅速膨胀，中东伊斯兰世界随之出现群雄逐鹿的分裂局面。阿拔斯王朝从建立之初，其管辖区域与伊斯兰教区域就是不相吻合的。756年，倭马亚王朝后裔阿卜杜勒·拉赫曼在伊比利亚首创独立于阿拔斯王朝的伊斯兰教政权后倭马亚王朝(756—1031年)。后倭马亚王朝在第八位艾米尔阿卜杜勒·拉赫曼三世当政期间达到鼎盛状态，北起比利牛斯山区南至直布罗陀海峡尽属其地。909年，自称是先知穆罕默德之女法蒂玛与阿里后裔的伊斯马仪派首领赛义德·侯赛因被起义军拥立为哈里发，法蒂玛王朝(909—1171年)由此建立。法蒂玛王朝自建立伊始便公开反对作为正统穆斯林宗教领袖的巴格达哈里发，否认阿拔斯家族在伊斯兰世界的核心地位。继法蒂玛王朝的统治者采用哈里发的称号之后，西班牙的后倭马亚王朝艾米尔阿卜杜勒·拉赫曼三世亦于929年改称哈里发。法蒂玛王朝哈里发与东方的阿拔斯哈里发、西方的后倭马亚哈里发三足鼎立，分庭抗礼，标志着伊斯兰世界的进一步分裂。10世纪末至11世纪初，法蒂玛王朝处于鼎盛状态，从大西洋沿岸到幼发拉底河上游和阿拉伯半岛都是其属地。法蒂玛王朝的哈里发肩负着与拜占廷帝国作战的重任，保护着希贾兹的两座圣城，阿拔斯哈里发和后倭马亚哈里发的权威相比之下黯然失色。

穆斯林诸民族之间的对抗和伊斯兰教诸派别的差异，成为助长伊斯兰世界政治格局多元化和导致哈里发国家解体的深层社会背景。穆斯林的政治分裂，开始于伊斯兰世界的东西两端，逐渐波及哈里发国家的腹地。10世纪中期，白益家族三位王公分别据有伊拉克、法尔斯和吉巴勒，形成三足鼎立的政治格局。信仰什叶派的白益家族称雄伊斯兰世界的腹地长达一个世纪之久，巴格达的哈里发成为白益王公任意摆布的玩偶，不仅世俗权力丧失殆尽，其作为宗教领袖的威严也荡然无存。11世纪中叶，阿拔斯王朝进入塞尔柱苏丹国统治时期。塞尔柱人一度实现了西亚伊斯兰世界的政治统一，恢复了逊尼派伊斯兰教的尊严。然而，阿拔斯王朝的根基已经坍塌，只剩下断壁残垣，阿拔斯哈里发依然处于他人的摆布之下，苟且偷生。11世纪末开始，伊斯兰世界相继经历十字军东征和蒙古西征的浩劫，日趋衰落。1258年，蒙古铁骑攻陷巴格达，阿拔斯王朝灭亡。

13世纪的蒙古西征，构成中东伊斯兰世界之历史长河的重要分水岭。巴格达的陷落标志着哈里发国家的覆灭和哈里发时代的终结。定居社会的衰落、游牧群体的泛滥、部族势力的膨胀和政治局势的剧烈动荡，成为此后中东伊斯兰世界的普遍现象。自14世纪起，尊奉逊尼派伊斯兰教的奥斯曼土耳其人借助于圣战的形式在小亚细亚半岛和巴尔干半岛攻城略地，结束拜占廷帝国的千年历史，降服阿拉伯世界，成为中东地区举足轻重的政治力量。奥斯曼苏丹以麦加和麦地那两座伊斯兰教圣城的监护者自居，东南欧与西亚、北非广大地区成为奥斯曼苏丹的属地，红海和黑海俨然是奥斯曼帝国的内湖，多瑙河、尼罗河以及底格里斯河与幼发拉底河则被视作奥斯曼帝国横跨三洲之辽阔疆域的象征。然而，奥斯曼帝国对于中东诸多地区的控制，在很大的程度上取决于地方势力与伊斯坦布尔之间的关系。奥斯曼帝国的北部即安纳托利亚和巴尔干半岛构成苏丹统治的重心所在，南部阿拉伯人地区长期处于相对自治的地位。奥斯曼帝国沿袭哈里发国家的历史传统，采用教俗合一的政治制度，政治生活具有浓厚的宗教色彩。奥斯曼帝国采用君主政体，苏丹的权位遵循奥斯曼家族世袭的继承原则。奥斯曼苏丹自诩为信士的长官，俨然是阿拔斯王朝哈里发的继承人，兼有世俗与宗教的最高权力。保卫伊斯兰世界的疆域、统率穆斯林对基督教世界发动圣战和维护伊斯兰教法的神圣地位，是奥斯曼苏丹的首要职责。奥斯曼帝国鼎盛时期，甚至远在苏门答腊诸岛和伏尔加河流域的穆斯林亦将伊斯坦布尔的苏丹视作伊斯兰世界的保卫者。

16 世纪初，萨法维王朝兴起于伊朗高原，尊奉什叶派伊斯兰教为官方信仰，与奥斯曼土耳其人分庭抗礼。17 世纪上半叶，萨法维王朝的统治达到顶峰，其疆域北起里海，南至波斯湾，西部边境与奥斯曼帝国接壤，东部边境与莫卧尔帝国毗邻。萨法维王朝衰落以后，诸多游牧群体相继入主伊朗高原，政权更替频繁，局势动荡。恺伽王朝建立后，一定程度上遏止了部落政治的泛滥，伊朗高原由此进入相对稳定的时期。

18 世纪，奥斯曼帝国面临近代欧洲崛起的巨大压力，来自基督教世界的战争威胁促使奥斯曼苏丹开始推行自上而下的新政举措。塞里姆三世和马哈茂德二世推行的新政举措以及 19 世纪中叶的坦泽马特运动，始终围绕着完善中央集权的鲜明主题，旨在强化奥斯曼苏丹的专制独裁和遏制地方势力的离心倾向，进而维持奥斯曼土耳其人对于诸多被征服民族的封建统治。1800 年前后的奥斯曼帝国,尽管衰落征兆逐渐显现,对外战争屡遭败绩,依然统治着巴尔干半岛、安纳托利亚和阿拉伯世界的广大地区。自 19 世纪开始,西方的冲击挑战着伊斯兰世界的传统政治秩序,奥斯曼帝国成为西方殖民列强蚕食和瓜分的"东方遗产",伊朗则是英国与沙皇俄国的势力范围。奥斯曼帝国和恺伽王朝呈逐渐衰落的趋势,财政岁入枯竭,对外战争接连失利,地方离心倾向增长,王权日渐式微。中东伊斯兰世界逐渐丧失传统时代的自主地位,卷入资本主义的世界体系,进而成为西方列强的原料供应地和工业品市场,自给自足的封闭状态不复存在。奥斯曼帝国和恺伽王朝的衰落并非意味着中东伊斯兰世界的全面衰落,而是包含新旧经济秩序的更替、新旧社会势力的消长、新旧思想的冲突、民主与独裁的抗争等现代化进程中的特有现象,体现中东伊斯兰世界的长足进步。

进入 20 世纪,奥斯曼帝国的崩溃和恺伽王朝的寿终正寝构成中东伊斯兰世界现代化进程的重要历史内容,诸多新兴的民族国家崛起于奥斯曼帝国的废墟之上,标志着中东伊斯兰世界之新生的开始。中东伊斯兰世界的现代化进程发端于奥斯曼帝国统治下的小亚细亚半岛和埃及,继而向新月地带和伊朗高原逐步扩展,直至延伸到阿拉伯半岛。民族矛盾与宗教矛盾的错综交织、世俗主义与伊斯兰主义的此消彼长、民主与专制的激烈抗争、农本社会的衰落、工业化与城市化的长足发展以及国有化改革与非国有化运动,构成中东现代化进程的基本内容。政治的动荡和经济社会领域的深刻变革,贯穿 20 世纪的中东历史。

伊朗高原是波斯人世世代代生活的家园。伊斯兰教兴起后,阿拉伯人长驱东进,延续千年的波斯帝国寿终正寝,伊朗高原被纳入哈里发国家的版图。9 世纪后期,萨法尔王朝(867—900 年)崛起于伊朗高原东南部的锡斯坦,波斯人称雄一时。萨曼王朝(874—999 年)统治的极盛时期,疆域北起咸海、南至波斯湾、西起里海南岸、东至怛罗斯,波斯文化在历经 3 个世纪的衰落之后渐趋复兴。白益家族统治时期,法尔斯进入历史上的黄金时代。此后数百年间,伊朗历经突厥人迁徙浪潮的冲击和蒙古铁骑的践踏,游牧势力膨胀,部落政治泛滥,经济凋敝,社会动荡。16 世纪初,萨法维王朝实行教俗合一的政治制度,国王兼有什叶派宗教领袖与世俗君主的双重权力。萨法维王朝实行强制皈依的宗教政策,迫使伊朗高原的土著居民放弃逊尼派伊斯兰教的传统信仰,改宗什叶派伊斯兰教。萨法维王朝衰落以后,伊朗相继处于阿富汗人、阿夫沙尔王朝、桑德王朝的统治之下。游牧群体的扩张和定居区域的萎缩以及部落政治的膨胀和官僚政治的衰微,构成 18 世纪伊朗历史的突出现象。

　　1796 年建立的恺伽王朝沿袭萨法维王朝教俗合一的统治模式,却始终未能建立起强有力的集权政治。恺伽王朝诸多省区的长官和游牧部落的首领各自为政,号令一方。德黑兰是宫廷的所在和世俗政治的标志,库姆则是什叶派欧莱玛的精神家园和宗教政治的象征。恺伽王朝时期,资本主义世界体系的扩张和西方的冲击导致伊朗传统秩序的解体,进而揭开了伊朗现代化进程的序幕。伊朗的现代化改革,开始于 19 世纪 20 年代,最初涉及的领域主要是军事层面,表现为自上而下的形式。19 世纪下半叶,模仿西方成为伊朗社会的时尚,器物层面、制度层面和思想层面的西化倾向则是此间伊朗现代化的重要内容。知识分子作为新兴的社会阶层在伊朗初露端倪,宪政主义、世俗主义和民族主义思想在伊朗社会广泛传播,贾马伦丁·阿富汗尼(1839—1897 年)和米尔扎·马尔库姆汗(1834—1898 年)是新知识分子的主要代表。反对国王出让烟草专卖权的民众运动(1890—1892 年)和宪政运动(1905—1911 年)根源于伊朗传统社会的深刻危机,表现为现代模式的政治运动。民族主义和民主主义的共同目标,促使伊朗诸多的社会群体走向政治联合,预示着伊朗作为现代民族国家的整合与新生。宪政运动将议会和宪法首次引入伊朗政治舞台,赋予民众以选举的权利,对于国王至高无上的统治地位加以限制,规定自由和平等的政治原则,标志着伊朗政治现代化进程的启动。

宪政运动结束以后,错综交织的内忧外患,使伊朗陷入民族危亡的生死关头。1925年12月,伊朗第五届议会投票表决,废黜恺伽王朝的末代君主,建立巴列维王朝(1925—1979年)。巴列维王朝的建立,标志着西方君主立宪的政治形式与伊朗专制主义的历史传统两者的结合。礼萨汗当政期间,实行极权主义的统治政策,致力于国家机器的强化。国王是至高无上的绝对君主,议会不再具有任何实质性的作用而徒具形式。礼萨汗长期奉行民族主义和世俗主义的政治原则,强调伊朗的历史传统取代强调伊斯兰的历史传统,进而以强调国王的权力和尊严取代强调安拉的权力和尊严,政治改革、司法改革、教育改革和社会改革构成巴列维王朝排斥教界传统势力的重要举措。礼萨汗当政期间,伊朗的现代化主要表现为现代工业的兴起和工业化进程的启动。1941年穆罕默德·里萨·巴列维即位以后,王权衰微,社会动荡,诸多政治势力激烈较量,进而形成议会政治、政党政治和君主政治多元并存的复杂局面。穆罕默德·摩萨台领导的石油国有化运动包含民族主义和民主主义的双重倾向,实现了广泛的社会动员和诸多社会群体的广泛联盟,却因内部的分裂和国外势力的介入而以失败告终。巴列维国王重新控制国家权力以后,凭借丰厚的石油收入和美国政府的支持,着力强化极权政治,极力排斥民众的政治参与,装备精良的军队和庞大的官僚机构则是巴列维国王实行极权政治的有力工具。巴列维国王于1963年至1971年发起白色革命,主观目的是巩固巴列维家族的权力垄断，客观结果却是经济领域的剧烈变革和新旧势力的消长。巴列维王朝与在外地主的传统政治联盟是伊朗君主制度的社会基础，却因白色革命而趋于瓦解，诸多社会阶层和教俗各界因反对君主独裁而形成广泛联盟。巴列维国王的政治独裁使之成为众矢之的，政治革命的客观条件逐渐成熟。

1977 年至 1979 年自下而上的伊斯兰革命，标志着伊朗君主制度的寿终正寝。霍梅尼时期(1979—1989 年)，伊斯兰化是伊朗社会的突出现象，法基赫制度和神权政治具有极权主义的明显倾向。霍梅尼作为克里斯玛式的宗教领袖，俨然是伊斯兰革命的象征和伊斯兰共和国的化身，凌驾于国家和社会之上，行使绝对的统治权力，而议会和总统处在从属于宗教领袖的软弱地位。1989 年 6 月霍梅尼去世后，哈梅内伊继承法基赫职位。后霍梅尼时期，伊朗现代化进程的主要特征在于政治多元化、经济自由化和社会生活开放化。法基赫制度依旧构成伊朗政治生活的基本框架，然而法基赫的绝对权力逐渐削弱，议会地位提高，民众选举的政治影响不断扩大，民选总统开始成为政治舞台的核心人物，法基赫、议会与总统之间的权力分配呈多元化的趋势。伊朗出现诸多政治势力分庭抗礼的局面，进而形成宗教政治与世俗政治的对抗与消长。90 年代末期，伊朗政坛的不同政治声音日趋显见。伊朗政坛出现自由化和政治改革的强烈呼声，其波及范围之广和影响之大，前所未有。

麦地那哈里发时代，阿拉伯人征服埃及，埃及成为东方伊斯兰世界的重要组成部分。7 世纪中叶至 9 世纪中叶的两百年间，埃及处于行省的地位，是哈里发国家重要的粮食产地和税收来源，亦是伊斯兰教在北非和地中海世界得以广泛传播的重要据点。土伦王朝(868—905 年)统治时期，是埃及历史发展的黄金时代。土伦王朝灭亡以后，外籍将领相继出任埃及总督。法蒂玛王朝击败伊赫希德王朝占领埃及以后,营建新都曼苏尔城(今埃及首都开罗),建造爱资哈尔清真寺作为宣传伊斯马仪派思想的中心。1153年,十字军经地中海进攻埃及。阿尤布王朝(1171—1250年)统治时期正值十字军东征的鼎盛阶段,穆斯林与基督徒之间的战争贯穿阿尤布王朝的始终。阿尤布王朝军队能征善战,拱卫埃及并屡次收复耶路撒冷,令欧洲基督教世界震惊。马木路克王朝(1250—1517年)是外籍将领在埃及建立的寡头政权,尊奉逊尼派伊斯兰教,承认阿拔斯王朝哈里发作为全体穆斯林的宗教领袖,接受哈里发的赐封。1258年蒙古军攻陷巴格达以后,马木路克王朝共拥立16位阿拔斯家族成员在开罗就任哈里发。哈里发的主要职责是为新的苏丹主持就职仪式,马木路克苏丹通过哈里发的权力册封,极大提高了自身在伊斯兰世界的地位,开罗俨然成为伊斯兰世界的权力中心。马木路克王朝抵御蒙古军和十字军的攻击,在埃及维持了相对稳定的局势。1517年,奥斯曼帝国的军队占领开罗,马木路克王朝灭亡,埃及被纳入奥斯曼帝国的版图。埃及在奥斯曼帝国具有特殊的地理位置,远离圣战前沿,长期处于相对自治的状态。帕夏与马木路克之间的权力分享,构成奥斯曼帝国统治时期埃及历史的突出现象。至18世纪,奥斯曼帝国在埃及的统治逐渐削弱,马木路克势力呈上升趋势,由奥斯曼苏丹任命的帕夏形同虚设甚至被赶出埃及,奥斯曼苏丹在埃及的统治权力名存实亡。

1798年,拿破仑率军入侵埃及,马木路克在埃及的统治基础趋于崩溃,奥斯曼帝国对于埃及的直接统治趋于瓦解,欧莱玛和贵族乡绅在埃及社会的地位和影响明显提高。法军入侵和占领埃及,导致埃及传统政治势力的急剧衰落和尼罗河流域的权力真空状态,进而为穆罕默德·阿里家族政权的崛起创造了重要条件。自1805年起,埃及开始摆脱长期依附于奥斯曼帝国苏丹的状态,初步奠定埃及作为现代民族国家的历史基础。穆罕默德·阿里在开疆拓土的同时,积极实施新政举措,着力强化中央集权的政治制度。19世纪,埃及现代化进程启动。埃及经济生活的重要内容是地权的非国有化、农业生产的市场化和初步的工业化。1882年,英军占领埃及,埃及政府名存实亡。传统经济结构的解体和西方的冲击导致埃及社会矛盾的错综交织。随着殖民侵略的加深和殖民统治的建立,民族对立日趋尖锐,民族矛盾逐渐上升为埃及现代化进程中社会矛盾的主要形式。埃及的智力觉醒与现代政治思想的萌生,首先表现为以贾马伦丁·阿富汗尼和穆罕默德·阿卜杜为主要代表的伊斯兰现代主义的兴起,其次表现为世俗色彩的阿拉伯民族主义初露端倪。1922年,埃及进入宪政时代,殖民主义与封建主义的错综交织构成宪政时代的历史特征。埃及政府处于英国高级专员的操纵和控制之下,宪法的制定和议会选举的实践初步体现着现代模式的民众政治参与,而国王随意践踏宪法和解散议会则是极权政治排斥民主政治的基本手段。

1952年自由军官发动的"七月革命",掀开了埃及历史的崭新篇章,埃及进入共和制时代。纳赛尔作为国家独立和民族尊严的象征,拥有绝对的统治权力,将民族尊严置于民众自由之上,进而形成极权主义的政治倾向。阿拉伯民族主义成为影响埃及社会各个层面的首要因素,埃及自居为阿拉伯世界的领袖,纳赛尔则被视作阿拉伯世界的旗手和阿拉伯民族尊严的象征。纳赛尔主义包含民族主义、极权主义和国家资本主义三重倾向,是埃及社会发展的客观需要和现代化的历史选择。纳赛尔时代封建主义的衰落、新旧社会势力的消长和工业化的巨大进步,为其后自由资本主义的发展和政治生活的民主化铺平了道路。自20世纪70年代开始,国家资本主义向自由资本主义转变,阿拉伯民族主义日渐衰微,现代伊斯兰主义呈明显上升的趋势,埃及进入民主与专制激烈抗争的崭新阶段。萨达特时代,极权主义的政治模式出现衰落的征兆,自由化政治改革进程启动。随着一党制的衰落和多党制的初步实践,政党政治、选举政治和议会政治成为不同社会群体角逐权力的政治形式,埃及的政治生活呈现多元化趋势,民主化进程初露端倪。穆巴拉克时代,司法权力的独立化标志着埃及政治领域的明显变化,诸多反对派政党作为合法的政治组织构成民众政治参与的重要势力,议会选举则是政党政治的外在形式,埃及政治生活的多元格局日益凸显。进入 90 年代,埃及的民主化进程出现逆转的趋势,政府操纵的选举程序导致议会内部政党席位的相应变化。穆斯林兄弟会与穆巴拉克政府的关系逐渐恶化,穆斯林兄弟会的主流派别逐渐由温和反对派演变为激进反对派,最终政府禁止穆斯林兄弟会的活动。穆巴拉克试图通过政府与反对派之间的对话,寻求广泛的政治支持,共同对抗伊斯兰主义的挑战,却拒绝与反对派讨论诸如宪政和政治改革等敏感问题,政治对话无果而终。2000 年的议会选举中,穆斯林兄弟会成为议会内部最大的反对派。

倭马亚王朝和阿拔斯王朝时期,肥沃的新月地带曾经是哈里发国家和伊斯兰世界的政治中心。自 16 世纪起,肥沃的新月地带被纳入奥斯曼帝国的版图,隶属于伊斯坦布尔的苏丹。第一次世界大战结束后,肥沃的新月地带脱离奥斯曼帝国的统治,处于协约国的保护之下,其中伊拉克、巴勒斯坦和约旦构成英国的委任统治区域,叙利亚和黎巴嫩构成法国的委任统治区域。第二次世界大战结束后,委任统治制度退出历史舞台,伊拉克、叙利亚、黎巴嫩、约旦相继独立。肥沃的新月地带诸国的社会结构大都具有明显的多元色彩,民族矛盾与教派对立错综交织,政治局势长期处于动荡的状态。

伊拉克的哈希姆王朝在英国政府的操纵下建立,其间明确划定领土疆域,引入君主制、议会制、宪法、政府和军队,初步奠定伊拉克国家的政治基础。伊拉克共和国成立于 1958 年,自由军官组织发动政变废除英国支持的哈希姆王朝,标志着民族主义运动的广泛胜利,进而揭开伊拉克历史的崭新一页。阿卜杜勒·卡里姆·嘎希姆执政期间，国家权力高度集中。1963 年 2 月，伊拉克复兴党在巴格达发动军事政变，建立起纳赛尔主义者和复兴党军官的联合统治。1968 年复兴党政权建立后，伊拉克政治生活的突出变化在于国家职能的强化、复兴党势力的膨胀、一党制统治模式的形成、政党政治与政府政治的合一。萨达姆于 1979 年掌握国家权力以后，大规模清洗政治异己，重组复兴党，控制武装力量，凌驾于社会和民众之上，个人独裁极度膨胀。80 年代末，伊拉克启动政治自由化进程，承诺举行多党制和议会选举。伊拉克的反对派组织虽成立国民大会，但其内部派系林立，缺乏统一的政治立场和行动纲领。伊拉克经历了两伊战争、海湾战争和国际社会的经济制裁，直至 2003 年被美军占领，经济长期处于萧条状态，社会生活水准急剧下降。

叙利亚共和国成立于 1932 年，1944 年获得主权独立，经历了从议会民主制到威权政治的演变过程。战后初期，叙利亚共和国实行议会民主制的政治制度，多党制的议会选举构成政治参与和权力角逐的基本框架。议会民主制时代，叙利亚共和国经历长期的政治动荡，权力更迭频繁，现代化进程的方向表现为明显的不确定性。1963 年复兴党政权的建立构成叙利亚共和国政治演变的重要分水岭。复兴党的统治，掀开叙利亚经济社会领域自上而下的深刻变革和现代化进程的崭新一页。议会民主制的衰落和威权政治的确立、复兴党内部领导层的新旧更替、逊尼派军人与宗教少数派军人之间的激烈角逐、阿拉维派复兴党军人的政治崛起，构成此间政治生活的核心内容。1970 年，哈菲兹·阿萨德发动政变执掌政权，阿萨德、阿拉维派和复兴党依次主导政治舞台和政治生活，家族政治、教派政治与政党政治的三位一体以及军人政治的浓厚色彩则是阿萨德政权的突出特征。阿萨德政权致力于通过自上而下的方式，以牺牲政治层面的自由和民主作为代价,实现新旧秩序的更替。经济社会秩序的剧烈变动与民主政治的严重缺失,导致叙利亚现代化进程的明显悖论。进入 90 年代,叙利亚国内出现改变现行政治制度和扩大民众政治参与的强烈呼声,民主化进程暗流涌动,威权政治面临严峻的挑战。与此同时,阿萨德政权开始调整国内政策,扩大议会的权限,允许非复兴党成员进入议会,承诺扩大与伊斯兰主义者的政治对话,试图满足民众日益高涨的政治诉求,实现国内的政治稳定。然而,阿萨德政权无意从根本上放弃威权政治和推动民主化进程,只是推行政治减压的相应举措,将吸收新阶层进入复兴党主导的政府机构作为民主化改革的替代,旨在维持经济社会秩序变动进程中的政治稳定。2000 年,阿萨德去世,其子巴沙尔继任复兴党总书记和总统,延续威权统治模式,叙利亚国内的政治形势较为稳定。

黎巴嫩共和国成立于 1926 年,马龙派、逊尼派和什叶派在黎巴嫩共和国的政治舞台上长期处于三足鼎立的状态,政治生活具有浓厚的教派色彩。战后黎巴嫩共和国长期实行多党制的政治制度,教派政治与政党政治错综交织,议会选举是国家权力更替的基本形式。战后黎巴嫩政治生活的突出现象,是教派势力的膨胀、国家权力的软弱和社会局势的长期动荡。卡米勒·查蒙执政时期(1952—1958 年),推行亲西方的外交政策,排斥穆斯林的政治参与和权力分享,穆斯林与基督徒之间的教派对立进一步加深。福阿德·什哈卜执政时期(1958—1964 年),实行中立的外交政策,黎巴嫩出现左翼和右翼两大相互对立的政治派系。查理·希路执政时期(1964—1970年),延续福阿德·什哈卜的内外政策,马龙派基督徒和逊尼派穆斯林长期控制议会和政府,政治生活具有浓厚的贵族色彩,什叶派穆斯林游离于政治舞台的边缘。黎巴嫩内战(1975—1976 年)构成黎巴嫩共和国政治生活和现代化进程的重要转折点,穆斯林与基督徒形成直接的对立和冲突,外部势力的干预加剧了黎巴嫩国内错综复杂的矛盾,黎巴嫩由此进入动荡的时代。黎巴嫩内战和1982年的以色列入侵,导致黎巴嫩政治秩序的剧烈变动。教派人口比例的变化,挑战着国家权力的传统分配原则。什叶派的政治崛起和黎巴嫩政治秩序的重建,成为80年代以来黎巴嫩现代化进程的突出现象。1989年《塔伊夫协议》签署以后,总统的地位明显削弱,总理和内阁逐渐取代总统成为国家权力的重心所在。黎巴嫩政府逐步解除各教派政党的民兵武装,黎巴嫩内战至此才真正结束。

约旦哈希姆王国的前身是英国委任统治时期建立的外约旦埃米尔国,1952年建立君主立宪制,国王有权颁布法律、任免首相、解散议会和统率武装部队,来自约旦河东岸的外约旦贵族逐渐取代来自约旦河西岸的巴勒斯坦贵族主导约旦的政治舞台。侯赛因国王实行"亲美"的外交政策,极力强化君主政治,议会、内阁和安全机构成为执行国王旨意、控制民众社会的御用工具。1951—1989年,国王任命首相,内阁更替频繁,每届内阁平均不足1年。巴勒斯坦人和约旦河东岸原有的约旦人组成二元性的人口结构,两者之间存在明显的经济社会差异。第三次中东战争以后,埃及、叙利亚和伊拉克支持的巴解组织在约旦境内建立民兵武装,其与约旦政府之间的矛盾日渐加剧。1971年,侯赛因国王驱逐巴解武装,取缔约旦境内的巴解组织基地,伊拉克和叙利亚驻军亦撤出约旦。1988年,侯赛因国王正式宣布约旦政府放弃对约旦河西岸的主权和领土要求,然而,在约旦河东岸的约旦王国,巴勒斯坦人约占总人口的二分之一,约旦政府依然面临巴勒斯坦问题的巨大压力。80年代末,约旦经济衰退,失业率上升,民众生活水准下降,国内局势日趋动荡。迫于国内外形势和民众的政治压力,侯赛因国王在维持原有基本政治制度和政治秩序的前提下,推行有限的自由化改革举措。90年代,《国民宪章》和《政党法》

的颁布以及《选举法》的修改，在强调君主制政体的前提下，承诺扩大国民的政治参与范围和议会的权力，确立以多党制为基础的议会选举制度。约旦的议会政治、选举政治和政党政治日渐活跃，民主化进程随之启动。然而，自上而下的民主化改革旨在扩大统治基础和缓解政治压力，民主化进程表现为摇摆不定的状态。

巴勒斯坦地区的人口构成具有多元性，英国委任统治时期，犹太人移民的迅速增长成为巴勒斯坦的突出现象。30年代，阿拉伯人与犹太人之间的矛盾逐渐加剧。二战期间犹太人的移民高潮改变了巴勒斯坦阿拉伯人与犹太人之间的力量对比。至二战结束时，阿拉伯人与犹太人处于战争的边缘。联合国大会通过决议，在巴勒斯坦实行阿以分治，以色列国宣布成立，中东战争爆发，巴勒斯坦的阿拉伯难民人数不断增加。1964年，巴勒斯坦解放组织成立，致力于通过武装斗争的方式解放巴勒斯坦。巴解组织系巴勒斯坦阿拉伯人的世俗政治组织，包括埃及、叙利亚、伊拉克等阿拉伯国家支持的诸多派别，政治立场各异，兼有温和色彩和激进倾向。"巴勒斯坦民族解放运动"(简称法塔赫)是巴解组织的主流派别，而"解放巴勒斯坦人民阵线"和"解放巴勒斯坦民众民主阵线"是巴解组织内部持激进立场的重要派别。70年代，巴解组织调整战略目标，在强调对于整个巴勒斯坦地区享有主权的前提下，致力于在约旦河西岸和加沙地带建立巴勒斯坦国。1988年，巴解组织承认以色列的合法存在，同时宣布在东耶路撒冷、约旦河西岸和加沙地带建立巴勒斯坦国，亚希尔·阿拉法特出任总统。1987—1990年巴勒斯坦人与以色列政府激烈对抗的政治环境，导致激进政治组织哈马斯和吉哈德的形成。进入90年代，随着巴解组织与以色列的和平谈判，哈马斯和吉哈德等激进组织开始挑战巴解组织的政治权威，其与巴解主流法塔赫之间的矛盾日渐加剧。

以色列国建立于1948年，采用共和制政体，实行多党制的议会选举,总统由议会选举产生,总理和内阁成员对议会负责。以色列政治制度的突出特征,在于议会的广泛权力。以色列的议会制度,培育出发达的选举政治和为数众多的议会政党。多党制的议会竞选长期构成以色列政治生活的核心内容,阿以关系与中东和平进程则是议会竞选的焦点所在。工党是以色列政坛最重要的左翼政党,其社会基础是来自东欧的犹太人移民,在阿以冲突与中东和平进程的问题上持相对温和的立场。利库德集团是以色列政坛最重要的右翼政党,其社会基础主要是亚非裔移民,反对"以土地换和平"的政治原则,拒绝归还第三次中东战争期间以色列占领的阿拉伯人土地,强调包括约旦河西岸和加沙地带在内的整个巴勒斯坦地区具有不可分割性。犹太教政党长期处于合法地位,强调犹太教法律在以色列国家的统治地位,构成以色列政治生活的突出特征。1949—1977年,工党作为议会第一大党,与宗教政党长期保持政治合作,宗教政党成员多次加入工党主导的多党联合政府。1977年起,工党与利库德集团在议会竞选中平分秋色,宗教政党作为第三方势力构成影响以色列政治生活的重要因素。宗教政党大都持保守立场,支持利库德集团为首的右翼政党,要求实行犹太教法的统治,强调犹太教信仰作为获得以色列公民权利的先决条件,反对"以土地换和平"的政治原则,主张将第三次中东战争以后占领的阿拉伯土地纳入以色列的版图。以色列政府长期推行种族歧视和种族隔离的政策,驱逐边境地带的阿拉伯人,剥夺阿拉伯人的私人土地,限制阿拉伯人的行动自由,禁止阿拉伯人加入以色列军队,排斥阿拉伯人的政治参与。1967年第三次中东战争后,以色列占领包括约旦河西岸和加沙地带在内的整个巴勒斯坦,宣布耶路撒冷是以色列国的永久首都。90年代,马德里会议初步确定巴以和谈的政治框架,然而以色列政府态度摇摆不定。沙龙执政后放弃长期以来的巴以和谈,致力于高压政策,巴以局势骤然紧张。

　　阿拉伯半岛作为伊斯兰教的发源地，在先知穆罕默德和麦地那哈里发时代曾经出现过历史的辉煌。倭马亚王朝建立以后，伊斯兰世界的政治重心逐渐转移。除希贾兹的两座圣城即麦加和麦地那以外，阿拉伯半岛的绝大部分地区重新成为贫瘠和荒凉的去处。由于闭塞的地理位置、恶劣的自然环境和落后的生产技术，阿拉伯半岛经济和社会的发展进程长期处于相对停滞的状态。自16世纪初开始，阿拉伯半岛被纳入奥斯曼帝国的版图。奥斯曼帝国占领了阿拉伯半岛西部的希贾兹和阿拉伯半岛东部的哈萨，其他诸多地区只是在名义上承认奥斯曼帝国的宗主权，部落传统根深蒂固，原始民主制的传统与舍赫的权力错综交织，政治生活徘徊于野蛮与文明之间。

　　伊本·瓦哈卜倡导的宗教革命，构成18世纪阿拉伯半岛社会革命和政治革命的先导和理论工具。瓦哈卜家族与沙特家族建立宗教政治联盟，沙特家族的军事扩张与瓦哈卜派的宗教传播相辅相成。沙特家族政权德拉伊叶埃米尔国和利雅得埃米尔国两度兴亡。1902年，伊本·沙特在利雅得重建沙特政权，恢复沙特家族与瓦哈卜家族的宗教政治联盟，通过伊赫瓦尼运动拓展沙特国家的疆域，于1932年建立了沙特阿拉伯王国。伊本·沙特当政期间，沙特王国的经济生活与社会结构尚未出现明显的变化，血缘政治与地域政治并存，部族传统与国家制度错综交织。石油经济时代，沙特王国经历了君主制度强化和官僚机构完善的历史进程。沙特王国长期延续家族社会的血缘传统，进而形成家族政治的浓厚色彩。王室长老委员会协商确定王位的更替，历代国王皆系伊本·沙特的嫡子，君主独裁无从谈起。沙特阿拉伯的政治制度与政治生活具有浓厚的宗教色彩，沙特家族政治与瓦哈卜派官方宗教政治的密切结合构成沙特王国的重要政治基础，沙特家族与瓦哈卜派欧莱玛长期保持广泛的合作关系。70年代以后，现代伊斯兰主义运动逐渐兴起，民间宗教政治运动成为挑战沙特家族政治和官方宗教政治的主要形式。90年代,民众力量的崛起与沙特家族的独裁统治之间经历了激烈的抗争。沙特王国政治改革的核心内容是制定基本法和成立国家协商会议,然而自上而下政治改革旨在巩固现存的政治秩序和强化君主制度。政治反对派势力无疑呈明显上升的趋势,其政治影响不断扩大,政治风暴的诸多征兆日趋显见。

北也门经历了从也门王国到阿拉伯也门共和国的发展历程。阿里·阿卜杜拉·萨利赫执政期间,推行威权政治,致力于强化国家职能和削弱栽德派部落贵族的传统势力。1967年,南也门独立,南也门人民共和国宣告成立,随后又更名为也门民主人民共和国,建立高度集权的政治模式,推行激进的经济社会改革举措。1990年5月,南北也门正式合并,也门共和国宣告成立。也门共和国是迄今为止阿拉伯半岛唯一采用共和制政体和实行多党选举制的国家,这是也门区别于阿拉伯半岛诸君主国的明显特征。由于也门北部与南部长期经历不同的发展道路,在诸多方面存在明显差异,也门共和国面临严重的政治危机。1994年,也门爆发内战,也门共和国随之分裂为亚丁政权和萨那政权,萨那政权出兵占领亚丁,也门内战结束。内战结束后,也门南北之间的政治平衡不复存在,全国人民大会党主导的议会通过宪法修正案,明确规定伊斯兰教法是国家立法的基础,废除总统委员会制,实行总统制,阿里·阿卜杜拉·萨利赫出任总统。议会逐步处于总统的控制之下,全国人民大会党作为执政党的地位逐步强化。伊斯兰改革党和也门社会党作为在野党,呼吁推进政治民主化进程。

海湾诸国地处相似的自然环境,相互之间具有密切的历史渊源,蕴藏丰富的石油资源和根深蒂固的血缘传统构成海湾诸国的共同特征。伴随着石油财富的增长,海湾诸国相继崛起,海湾地区的传统秩序逐渐解体,现代化进程随之启动。海湾诸国现代化进程中政治生活的突出现象，是传统部落贵族与王室之间力量对比的剧烈消长以及国家职能的不断完善和威权政治的逐渐强化。石油时代，海湾诸国延续君主制的政治制度，科威特的萨巴赫家族、巴林的哈利法家族、卡塔尔的萨尼家族、阿联酋和阿布扎比的纳赫延家族、阿曼的阿布·赛义德家族长期垄断国家权力和经济命脉。海湾诸国的统治者凭借丰厚的石油收入，不断强化君主制度，普遍实行党禁，排斥民众的政治参与。1971年《特鲁希尔条约》的终止，标志着英国主宰海湾地区的时代落下帷幕，美国逐渐成为影响海湾地区的主要外部势力。80年代末90年代初，海湾诸国的民主化运动日渐高涨，自由化改革进程逐渐启动。

青年土耳其党执政期间(1913—1918年)，奥斯曼帝国的传统政治秩序遭受重创，苏丹制度和哈里发制度名存实亡，政治环境剧烈动荡。1918年，奥斯曼帝国战败投降，土耳其人的家园面临被肢解的危急局面。深刻的民族矛盾导致土耳其民族主义运动的高涨，安纳托利亚高原成为土耳其国家重建和民族复兴的政治舞台。1923年《洛桑和约》的签署，标志土耳其作为主权国家的诞生。土耳其共和国建立，凯末尔当选总统，大国民议会是兼有立法和行政双重职能的国家最高权力机构，伊斯兰教是土耳其共和国的国教。凯末尔时代，民族主义、共和主义、世俗主义、民众主义、国家主义和革命主义成为土耳其共和国的官方意识形态，土耳其共和国的政治模式在于政府、共和人民党与凯末尔的三位一体。土耳其共和国现代化进程的早期阶段表现为独裁统治的加强和极权化的倾向，世俗化构成极权政治的重要手段。

二战以后，绝对主义的政治模式逐渐衰落，民主化进程随之启动。建立在多党制基础之上的政党政治和议会政治，构成土耳其共和国政治民主化进程的外在形式。50年代，伴随着普选制的完善与多党制的广泛实践,总统权力逐渐削弱,议会成为国家政治生活的核心舞台。60年代,多党政治日趋完善,多党联合政府成为土耳其政治生活的突出现象,政治环境进一步宽松,保障公民权利的法律体制进一步完善,新闻媒体和大学获得自治的地位,政府权力处于法律和社会舆论的制约之下。在多党制议会选举的历史条件下,诸多政党极力争取宗教群体的选票支持,导致土耳其政治领域的非世俗化倾向,现代伊斯兰主义随之登上土耳其的政治舞台,伊斯兰复兴运动由文化领域逐渐延伸至政治领域。进入90年代,伊斯兰复兴运动日渐高涨,伊斯兰政党异军突起,进而挑战世俗政党在土耳其政坛的主导地位。与此同时,政党政治出现明显的变化,诸多小党在议会选举中的政治空间呈扩大的趋势,议会非多数党的联合组阁再次成为土耳其政坛的突出现象。土耳其的政治民主化进程经历从社会上层和精英政治向社会下层和民众政治的扩展以及从城市范围的政治参与向乡村地区的政治动员的延伸,日趋完善的政党政治是土耳其现代化进程中的突出现象和明显特征。

前言

1

　　"中东"一词源于西方殖民扩张的时代背景,原本具有"欧洲中心论"的历史痕迹和政治色彩。自 19 世纪 50 年代开始,英属印度殖民当局将介于所谓"欧洲病夫"奥斯曼帝国与英属印度殖民地之间的伊朗以及与其毗邻的中亚和波斯湾沿岸称作中东,用于区别奥斯曼帝国统治下的近东和包括东亚诸国在内的远东。[①] 1900 年,"中东"一词正式出现于英国的官方文件,进而为西方列强普遍采用。第一次世界大战结束后,奥斯曼帝国退出历史舞台,所谓近东与中东之间的政治界限不复存在,中东随之逐渐成为泛指西亚北非诸多区域的地缘政

---

① Wagstaff,J.M.,*The Evolution of the Middle East Landscapes*,New Jersey 1985,p.1.

治学称谓,包括埃及、肥沃的新月地带、阿拉伯半岛在内的阿拉伯世界以及土耳其和伊朗则是中东的核心所在。

中东地区幅员辽阔,自然环境复杂多样,高原、山脉与大河流域构成基本的地貌形态。高原、山脉与大河流域错综相间的地貌分布,导致截然不同的经济活动与生活方式的长期并存。高原和山区大都地广人稀,适合牧养牲畜的经济活动。幼发拉底河、底格里斯河和尼罗河水流量充沛,河水流经之处形成人口分布相对稠密的定居社会。游牧群体与定居社会之间的矛盾冲突,贯穿着中东历史的进程。

中东作为东半球的地理中心所在,地跨亚非欧三洲,处于地中海、黑海、里海、红海、阿拉伯海以及波斯湾、阿曼湾、亚丁湾、亚喀巴湾、苏伊士湾诸多水域的环绕之中,是联结印度洋与大西洋的桥梁和纽带,堪称"两洋三洲五海之地",自古以来便是东方与西方之间相互交往的重要通道。黑海与爱琴海之间的达达尼尔海峡和博斯普鲁斯海峡、地中海与红海之间的苏伊士运河、红海与亚丁湾之间的曼德海峡、阿曼湾与波斯湾之间的霍尔木兹海峡,具有举足轻重的战略地位。

中东诸地不仅在自然环境方面差异甚大,其人口构成亦极为复杂。四通八达的地理位置导致中东人口分布的复合结构和多元色彩,"两洋三洲五海之地"可谓闪米特—含米特语系、印欧语系和阿尔泰语系诸多分支的共同家园。闪米特—含米特语系、印欧语系和阿尔泰语系的不同分支皆曾生活在"两洋三洲五海之地",在中东漫长的历史进程中留下各自的印记。不同文明的汇聚与冲突,构成中东历史的鲜明特征。统治民族的交替出现,无疑是中东历史长河的突出现象。伴随着诸多统治民族的相继兴衰,统一与分裂的政治格局频繁更替,向心倾向与离心倾向长期处于激烈抗争的状态，政治疆域经历剧烈的变动过程。

2

中东地区的文明具有十分久远的历史传统，幼发拉底河—底格里斯河流域中下游即美索不达米亚堪称人类文明的重要发祥地。美索不达米亚的北部称作亚述，南部称作巴比伦尼亚；巴比伦尼亚的北部称作阿卡德，南部称作苏美尔。欧贝德人亦称原始幼发拉底人，是巴比伦尼亚地区的早期居民。大约自公元前 4300 年起，苏美尔人进入巴比伦尼亚南部地区。公元前 3500 年开始，苏美尔人城邦渐露端倪，美索不达米亚文明的序幕由此徐徐拉开。继苏美尔人之后，阿卡德人于公元前 24 世纪登上美索不达米亚文明的舞台，两河流域进入闪米特化的时代。古巴比伦王国的建立者是阿摩利人。国王汉谟拉比（约公元前 1792—前 1750 年在位）当政期间，巴比伦王国的疆域囊括整个巴比伦尼亚地区。亚述地处美索不达米亚的北部山区，亚述城邦大约形成于公元前 2000 年。国王提格拉特·帕拉沙尔三世（约公元前 744—前 727 年在位）当政期间，亚述人统治着北起乌拉尔图（小亚细亚半岛东部）、南至巴比伦尼亚、西起地中海东岸、东至扎格罗斯山西麓的广大地区。公元前 7 世纪，伽勒底人兴起于巴比伦尼亚，进而取代亚述人成为美索不达米亚的统治者。伽勒底人建立的政权称作新巴比伦王国，是为古代西亚闪米特人文明的最后阶段。

公元前 2000 年，文明的曙光在地中海东岸逐渐显现，包括推罗、西顿和乌伽里特在内的诸多腓尼基人城邦相继建立。腓尼基人是古代世界的著名商人，腓尼基人的商船航行于地中海、爱琴海和黑海的广大水域。腓尼基人曾经在古代埃及象形文字的基础上创立字母文字,腓尼基文包括 22 个辅音字母。腓尼基字母首开人类字母文字的先河,对于其后出现的希腊字母和阿拉马字母皆有重要的影响。巴勒斯坦位于地中海东岸与约旦河之间的狭长区域,早期居民是迦南人和喜克索斯人。公元前 2000 年后期,闪米特语的分支希伯莱人移居巴勒斯坦。希伯莱人移居巴勒斯坦初期,分为十二个部落,相传源于希伯莱人祖先亚伯拉罕嫡孙雅各的十二子,其中生活在巴勒斯坦北部的希伯莱人部落联盟名为以色列,生活在巴勒斯坦南部的希伯莱人部落联盟名为犹太。扫罗是希伯莱人的第一位国王,来自以色列部落联盟。扫罗死后,来自犹太部落联盟的大卫统一巴勒斯坦的希伯莱人,定都耶路撒冷。大卫之子所罗门当政期间,在耶路撒冷建造圣殿,史称"第一圣殿",亦称"所罗门圣殿",耶路撒冷由此成为希伯莱人的宗教中心。所罗门死后,巴勒斯坦分裂为北部的以色列国和南部的犹太国,分别都于撒玛利亚和耶路撒冷。

位于北非东部的尼罗河流域亦是人类文明的重要发祥地,定期泛滥的尼罗河水灌溉着周边的区域,承载着古老的埃及文明。希腊化时代的埃及祭司曼涅托曾经将古代埃及的历史划分为 31 个王朝,第 1 王朝的历史则可追溯到公元前 3100 年的统治者美尼斯当政期间。古王国(公元前 2686—前 2181 年)包括第 3—6 王朝,都于尼罗河三角洲南端的白城(第 6 王朝时改称孟斐斯,今埃及首都开罗附近),是古代埃及文明的鼎盛阶段。新王国(公元前 1570—前 1085 年)包括第 18—20 王朝,都于上埃及的底比斯(底比斯亦称诺威,意为主神阿蒙的城市,位于今开罗以南 670 公里处),是古代埃及文明的另一鼎盛阶段。新王国的历代法老致力于开拓疆土的扩张战争,在南方溯尼罗河而上征服努比亚,在东部越过西奈半岛攻入巴勒斯坦和叙利亚。新王国结束之后,利比亚人和努比亚人相继入侵尼罗河流域,古代埃及文明日渐衰落。

公元前 6 世纪,称雄中东的闪米特—含米特语系诸多分支日渐衰微,印欧语系的重要分支波斯人异军突起,成为主宰中东命运的统治民族。"波斯"一词在波斯语中读作法尔斯,源于伊朗高原西南部的地域名称法尔斯,希腊人称之为波息斯。法尔斯是伊朗古代文明的发源地之所在,阿黑门尼德王朝和萨珊王朝皆由此崛起,波斯帝国和波斯语亦由此得名。[①] 波斯帝国的创立者是居鲁士(约公元前 558—前 529 年在位),后人称之为"波斯之父"。居鲁士属于波斯人的阿黑门尼德氏族,居鲁士创立的政权故称阿黑门尼德王朝。居鲁士自称"巴比伦王、苏美尔和阿卡德王、四方之王",居鲁士之子冈比西斯(约公元前 529—前 522 年在位)曾经远征尼罗河流域,建立埃及历史上的第 27 王朝。大流士(约公元前 522—前 486 年在位)当政期间,波斯人越过中亚,占领印度河流域,巴尔干半岛南部的色雷斯亦被纳入阿黑门尼德王朝的版图。大流士创立行省制、军区制、驿政制和贡赋制,统一币制和衡制,初步形成中央集权的政府体系,有效巩固了波斯帝国的统治基础。在阿黑门尼德王朝的鼎盛阶段,波斯帝国统治着西起尼罗河、东至印度河的辽阔疆域。波斯文化与希腊文化交相辉映,曾经是古代世界的靓丽风景。

公元前 4 世纪初,马其顿国王亚历山大自希腊起兵,东征波斯帝

---

① 1935 年,礼萨汗将巴列维王朝统治的国家正式更名为伊朗,"波斯"一词此后仅仅作为伊朗人的语言称谓。

国,中东地区进入希腊化的时代。亚历山大死后,尼罗河流域、地中海东岸、两河流域和小亚细亚半岛分别处于托勒密王国、塞琉古王国和帕加马王国的统治之下。公元前 2 世纪,罗马人灭亡托勒密王国、塞琉古王国和帕加马王国,尼罗河流域、地中海东岸和小亚细亚半岛成为罗马人的属地。公元前 3 世纪,帕奈人建立安息王朝。安息王朝鼎盛时期,领有伊朗高原和美索不达米亚诸地,进而在中东地区与罗马人分庭抗礼。公元 3 世纪,萨珊王朝兴起于阿黑门尼德王朝的发祥地法尔斯。萨珊王朝的创立者阿尔达希尔(224—241 年在位)灭亡安息王朝,自称"诸王之王",领有伊朗高原和美索不达米亚的广大地区。此后 400 年间,萨珊王朝与罗马帝国及拜占廷帝国交战频繁,中东地区形成东西对峙的政治格局。

中东地区是诸多宗教的摇篮。人类历史的早期阶段普遍存在多神崇拜的宗教形式,而一神信仰排斥多神崇拜的漫长历程则是古代中东历史进程的突出现象和显著特征。古代埃及人笃信诸多神灵,其中称作拉神和阿蒙神的太阳神以及称作奥西里斯的冥神最负盛名。早在公元前 14 世纪,埃及第十八王朝的著名法老阿蒙霍特普四世废止多神崇拜,独尊阿吞神作为主宰尼罗河流域直至整个世界的神灵,首开一神信仰的先河。希伯莱人原本信奉多神教,主神耶和华被希伯莱人视作诸多神灵中地位最高的神灵。自公元前 10 世纪初开始,希伯莱人逐渐放弃多神崇拜的宗教传统,独尊耶和华的犹太教始露端倪。至公元前 6 世纪"巴比伦之囚"期间,犹太教的神学体系随之日臻成熟。琐罗亚斯德教相传系公元前 6 世纪的波斯人查拉图斯特拉(希腊人称其为琐罗亚斯德)创立,亦称拜火教,中国史书称之为袄教,是古代波斯的主要宗教。大流士当政期间,尊奉琐罗亚斯德教作为阿黑门尼德王朝的国教。萨珊王朝建立后,琐罗亚斯德教俨然成为波斯传统文化的标志和象征。公元初年,基督教兴起于罗马帝国统治下的地中海东岸。基督教沿袭犹太教的诸多宗教信条,犹太教法利赛派的神学思想对于基督教的影响尤为明显。基督教诞生的初期,罗马帝国统治者视之为犹太教的分支,迫害基督徒。公元4世纪以后,基督教成为拜占廷帝国最具影响的意识形态,尊奉所谓尼西亚信条即圣父、圣子、圣灵三位一体说的官方信仰盛行于爱琴海地区,基督教的异端派别阿里乌斯派以及其后出现的科普特派、雅各派和聂斯脱里派在埃及、叙利亚和美索不达米亚广泛传播。

　　公元7世纪初,地处阿拉伯半岛西部荒漠的麦加和麦地那犹如两颗冉冉升起的新星,照耀着"两洋三洲五海"世界的古老大地。伴随着伊斯兰教的诞生,阿拉伯人悄然崛起于仿佛被喧嚣的文明社会所遗忘的角落,进而在圣战的旗帜下走出贫瘠的家园,作为崭新的统治民族登上中东的历史舞台。先知穆罕默德去世后,哈里发国家征服了西起伊比利亚半岛和马格里布、东到阿姆河和锡尔河流域的辽阔疆域,伊斯兰教取代基督教和琐罗亚斯德教而成为中东地区占统治地位的意识形态。麦地那时代和倭马亚时代,阿拉伯人垄断伊斯兰世界的军政要职,非阿拉伯人尚无缘分享国家权力。阿拔斯时代,包括波斯人、突厥人、柏柏尔人、库尔德人、塞加西亚人在内的非阿拉伯人中皈依伊斯兰教者日渐增多,尤其是波斯人和突厥人的政治势力迅速膨胀,中东伊斯兰世界随之出现群雄逐鹿的分裂局面。11世纪末开始,伊斯兰世界相继经历十字军东征和蒙古西征的浩劫,日趋衰落。自14世纪起,尊奉逊尼派伊斯兰教的奥斯曼土耳其人借助于圣战的形式在小亚细亚半岛和巴尔干半岛攻城略地,结束拜占廷帝国的千年历史,降服阿拉伯世界,成为中东地区举足轻重的政治力量。伊斯坦布尔的苏丹以麦加和麦地那两座伊斯兰教圣城的监护者自居,东西方之间的传统商路处于奥斯曼帝国的控制之下,尼罗河以及底格里斯河、幼发拉底河成为奥斯曼帝国的内河,红海和黑海俨然是奥斯曼帝国的内湖。

第一章
奥斯曼帝国的崛起

从伊斯兰教传入中亚到塞尔柱突厥苏丹国
从蒙古西征到奥斯曼国家的兴起
奥斯曼国家的扩张
奥斯曼国家的政治与宗教
奥斯曼帝国的社会与经济

一、从伊斯兰教传入中亚到塞尔柱突厥苏丹国

1

633 年,麦地那哈里发国家挥师东进,攻入伊拉克。637 年,穆斯林战士在幼发拉底河西岸的卡迪西叶重创波斯军队主力,继而攻占位于底格里斯河西岸的波斯帝国首都泰西封,波斯帝国末代君主叶兹德吉尔德三世逃往伊朗西北部山区。642 年,穆斯林战士在扎格罗斯山东侧哈马丹附近的尼哈温歼灭萨珊王朝发动反击的最后力量,叶兹德吉尔德三世只身逃走,经过 10 年漂泊流离的生活,最终死于呼罗珊东部的木鹿。651 年,穆斯林自伊拉克南部出发,经克尔曼攻入伊朗高原东部,占领内沙浦尔、纳萨、突斯、哈拉特、木鹿诸城。另一支穆斯林队伍在夺取莱伊(今德黑兰附近)和伊斯法罕以后再度出击,攻占伊朗高原东北部重镇库米斯。652 年,穆斯林攻占木鹿·卢泽,阿姆河以西皆被纳入哈

里发国家的版图。

阿姆河旧称乌浒水,是伊朗高原的波斯人家园与中亚的突厥人家园之间的重要分界线。阿拉伯人将阿姆河右岸不讲波斯语的土著居民统称为突厥人,佛教在这一地区颇具影响。倭马亚王朝初期,阿姆河右岸分布着康、安、曹、石、米、何、火寻、戊地、史九国,中国史籍中称作昭武九姓,系唐朝藩属,由安西都护府节制。

704年,哈查只·尤素夫举荐部将古太白·穆斯林(中国史籍称屈底波)出任伊朗高原东部的呼罗珊总督,驻节木鹿。705年,古太白·穆斯林统兵5万人越过阿姆河,攻入吐火罗斯坦(亦译为巴克特里亚),占领阿姆河上游重镇巴勒黑。706—712年,古太白·穆斯林率军攻入粟特(中国史籍称河中府,因位于阿姆河与锡尔河之间而得名),占领阿姆河中游的两座重镇布哈拉和撒马尔罕,进而降服阿姆河下游花拉子模一带。713年,古太白·穆斯林的队伍深入锡尔河(旧译药杀水)流域,攻占拔汗那(即费尔干纳,中国史籍称大宛国),而后班师返回呼罗珊。古太白·穆斯林在阿姆河右岸的许多地区焚毁佛教庙宇,建造清真寺,迁入阿拉伯人,强迫突厥人改奉伊斯兰教,初步奠定中亚伊斯兰教化的基础。数百年后,布哈拉和撒马尔罕成为伊斯兰世界的重要文化中心。714年,古太白·穆斯林再度率军出征,平定中亚的反叛势力。①

2

前伊斯兰时代的突厥人大都分布在阿尔泰山一带,追逐水草,牧

---

① 穆罕默德·穆斯塔法·齐亚德:《阿拉伯世界的历史与文明:古代与伊斯兰时代》,开罗,1964年,第179—180页。

养牲畜。古太白·穆斯林征服中亚以后，伊斯兰教逐渐传入突厥人地区，穆斯林与突厥人之间的贸易交往随之扩大。[1]此后，突厥人常将其儿童作为贡赋上缴哈里发国家，进而逐渐流入伊斯兰世界的腹地。阿拔斯王朝哈里发曼苏尔当政期间，突厥士兵开始出现于阿拔斯王朝军队的行列之中。[2]然而，阿拔斯王朝前期，哈里发国家的兵源主要来自阿拉伯人和阿拉伯化的波斯人，突厥士兵为数尚少，无力涉足伊斯兰世界的权力角逐。809—813年哈里发哈伦之子艾敏与马蒙之间的内战结束后，阿拉伯人和阿拉伯化的波斯人力量削弱，突厥士兵人数猛增，其在哈里发国家的势力急剧膨胀。"阿拉伯人与波斯人之间的互相竞争，迫使马蒙不得不把自己的安全交付给一支奴隶军团。这些奴隶一部分是柏柏尔人，主要是突厥人。"[3]

马蒙的御弟阿布·伊斯哈格系突厥女子玛里达所生，具有突厥血统。"他既不相信阿拉伯人，又对波斯人存有戒心，遂试图借助游牧的突厥人。"[4]阿布·伊斯哈格通过伊朗东部的土著王公萨曼家族，自814年起从中亚各地的奴隶市场购买突厥男童，组建名为"马木路克"的外籍新军。[5]马木路克在阿拉伯语中本意为被拥有的人，特指来自伊斯兰世界边缘地带、奴隶出身且通常享有特权的骑兵和军事贵族。817年，阿布·伊斯哈格在平息伊拉克反叛势力的过程中，首次使用突厥士兵组成的外籍新军，战绩颇佳。[6]马蒙当政末期，阿布·伊斯哈格麾下的突

---

[1] 哈桑·穆阿尼斯：《古代中世纪的阿拉伯国家与文明》，科威特，1978年，第167页。

[2] Jaydan,J.,*History of Islamic Civilization*, New Delhi 1978, pp.215–217.

[3] 布罗克尔曼：《伊斯兰各民族与国家史》，孙硕人等译，商务印书馆，1985年，第157页。

[4] Jaydan,J.,*History of Islamic Civilization*,p.217.

[5] Kennedy,H.,*The Prophet and the Age of the Caliphate*, London 1986, p.185.

[6] Kennedy,H.,*The Early Abbasid Caliphate*, Princeton 1981, p.167.

厥士兵已经达到数千人。①正是借助于突厥新军的力量,阿布·伊斯哈格得以在马蒙死后出任哈里发,御名穆尔台绥姆(833—842年在位)。穆尔台绥姆当政期间,继续扩大外籍新军的规模,先后购买7万名突厥奴隶充当战士。②834年,突厥将领阿什纳斯出任埃及总督。③836年,穆尔台绥姆将哈里发的宫廷从巴格达迁至萨马拉。萨马拉位于巴格达西北约120公里,地处底格里斯河东岸,正式名称是"苏拉·曼·拉阿",阿拉伯语中意为"见者喜悦",由突厥将领阿什纳斯主持营建,外籍新军大都驻扎在这里。④

3

962年,突厥将领阿勒普特金占据加兹尼城,自立为艾米尔,建立加兹尼王朝(962—1186年)。976年阿勒普特金死后,其婿苏卜克特金承袭加兹尼王朝的统治权力,拓展疆域,攻占锡斯坦,夺取喀布尔和白沙瓦。苏卜克特金是加兹尼王朝的真正奠基人,继苏卜克特金之后加兹尼王朝的历任统治者皆为其直系后裔。

苏卜克特金之子马哈茂德当政期间,加兹尼王朝国势极盛。999年,马哈茂德联合回鹘人政权喀喇汗王朝,夹击布哈拉,灭亡萨曼王朝,并以阿姆河为界与喀喇汗王朝瓜分萨曼王朝的辖地。1006年,马哈

---

① Lindsay,J.E.,*Daily Life in the Medieval Islamic World*, Westport 2005, p.70.

② Ashtor,E.,*A Social and Economic History of the Near East in the Middle Ages*,Berkeley 1976,p.87.

③ Kennedy,H.,*The Prophet and the Age of the Caliphate*,p.161.

④ Gordon,M.S.,*The Rise of Islam*, Westport 2005, p.131.

茂德在巴勒黑击败喀喇汗王朝,进而夺取花拉子模。1029 年,马哈茂德攻陷莱伊,占领伊朗西部诸地。

马哈茂德不仅在伊斯兰世界东部横扫千军,而且以雷霆之势南下印度。1014 年,马哈茂德攻占印度教圣地萨奈沙,洗劫著名的查克拉斯瓦明神庙。1019 年,马哈茂德攻占恒河平原的政治中心曲女城,将这座历时四百余年的古都夷为平地。1025 年,马哈茂德攻占印度西海岸的卡提阿瓦半岛。位于卡提阿瓦半岛的索姆那特神庙是印度教徒朝拜的圣地,供奉印度教三主神中的湿婆神,并且藏有巨额财富。马哈茂德将索姆那特神庙洗劫一空,所藏财宝被悉数运往加兹尼。相传,马哈茂德用来运送这批财宝的骆驼多达四万余峰。在马哈茂德远征印度之前,什叶派的分支卡尔马特派穆斯林曾经在印度河流域的木尔坦一带建立两个小的伊斯兰教政权,然而影响甚微。加兹尼王朝的征略,打开了穆斯林冲击印度的门户,尤其是奠定了印度西北部地区伊斯兰教化的基础。马哈茂德因此在伊斯兰世界声威大振,成为穆斯林仰慕的英雄,在伊斯兰史上首次获得"加齐"(意为圣战者)的桂冠,并被哈里发嘎迪尔赐封为"雅敏·道莱"的称号。[①]

马哈茂德不仅武功盖世,其文治亦颇负盛名。马哈茂德当政期间,沿袭波斯的政治传统和萨曼王朝的统治制度,招募突厥人及波斯人、阿拉伯人组建庞大的军队,实行集权统治,积极兴修水利,垦殖荒地,发展农业,奖励工商业。在此基础之上,马哈茂德大力倡导和支持文化活动,广招天下文人墨客于加兹尼王朝的宫廷。许多学者在马哈茂德的庇护下潜心创作,著述颇丰。突厥血统的地理学家比鲁尼多次随马

---

① Watt,W.M.,*The Majesty That Was Islam*, London 1974, pp.203–205.

哈茂德南下印度,并在那里留居数年,考察旅行,所著《印度志》一书首次将印度的文化和风土民俗展现于伊斯兰世界。波斯诗人费尔多西曾经将其史诗巨著《王书》题赠马哈茂德,以求博得马哈茂德的赏识。马哈茂德还在首都加兹尼城建造规模宏大的清真寺以及学校、图书馆、天文台等设施,使加兹尼城成为当时伊斯兰世界东部最重要的文化中心。1030 年马哈茂德死后,其子麦斯欧德继承父位,加兹尼王朝趋于分裂,国势急剧衰微。

4

萨曼王朝建立后,在中亚诸地极力传播伊斯兰教,突厥人纷纷加入穆斯林的行列。北方的拜占廷边境和东方的中亚诸地,曾经均为穆斯林发动圣战的前沿。萨曼王朝时期,突厥人相继皈依伊斯兰教,使穆斯林在中亚的圣战成为非法的行为,圣战者人数锐减,萨曼王朝的东部随之丧失应有的防御,门户顿开。突厥人改奉伊斯兰教以后,逐渐形成难以遏制的西进浪潮。[1]

11 世纪中叶,塞尔柱突厥人入主西亚,荡平"肥沃的新月地带"和伊朗高原的割据势力。塞尔柱突厥人系突厥血统乌古斯部落联盟的一支,因其首领塞尔柱·叶卡克而得名。10 世纪末,塞尔柱·叶卡克率领族人离开中亚的吉尔吉斯草原,向西迁徙,进入锡尔河下游一带,依附于萨曼王朝。此间,塞尔柱突厥人改奉伊斯兰教,加入逊尼派穆斯林的行列。"960 年,2 万个突厥人家庭皈依伊斯兰教。"[2]

---

[1] Holt,P.M.,Lambton, A.K.S.& Lewis,B.,*The Cambridge History of Islam*,Vol.1A, Cambridge 1970, p.147.

[2] Mez,A.,*The Renaissance of Islam*, Patna 1937, p.5.

1025年，正值马哈茂德南下印度、劫掠索姆那特神庙的时候，塞尔柱突厥人越过阿姆河，进入加兹尼王朝的辖地。1040年，塞尔柱突厥人在木鹿附近的丹丹坎击败马哈茂德之子麦斯欧德的军队，夺取呼罗珊。随后，塞尔柱突厥人首领图格里勒自称伯格（意为头领），定都内沙浦尔，并挥师西进，击败白益王公，攻陷莱伊、哈马丹、伊斯法罕诸城，兵抵阿塞拜疆和亚美尼亚。①

塞尔柱突厥人自诩为正统伊斯兰教的捍卫者。1055年，图格里勒应阿拔斯哈里发嘎伊姆（1031—1075年在位）之召，兵抵巴格达。哈里发嘎伊姆将图格里勒迎入巴格达，赐封他为东方和西方的苏丹（"苏丹"一词在阿拉伯语中本意为权柄，引申为君主），统揽阿拔斯王朝的所有世俗权力。此后，哈里发作为象征性的宗教领袖，受到塞尔柱突厥人的礼遇。

1063年图格里勒死后，其侄阿勒卜·阿尔斯兰继任苏丹。阿勒卜·阿尔斯兰（突厥语中意为雄狮）尚武善骑，长于征战，即位以后，离开内沙浦尔，迁都伊斯法罕。阿勒卜·阿尔斯兰当政期间，塞尔柱突厥人大举进攻伊斯兰世界的宿敌拜占廷帝国，于1064年占领亚美尼亚首府阿尼。1071年，阿勒卜·阿尔斯兰在凡湖以北的曼齐喀特重创拜占廷军队，俘获拜占廷皇帝罗曼努斯，取得圣战的决定性胜利，占领亚美尼亚全境和小亚细亚半岛东部。②长期以来，陶鲁斯山是伊斯兰世界与基督教世界的天然分界线，倭马亚王朝和阿拔斯王朝的历代哈里发虽然屡屡兵抵君士坦丁堡，却始终未能将陶鲁斯山北侧地区据为己有。曼齐喀特战役以后，塞尔柱突厥人自亚美尼亚长驱西进，陶鲁斯山北侧广

① 哈桑·穆阿尼斯：《古代中世纪的阿拉伯国家与文明》，第170页。

② 伊本·阿希尔：《历史大全》，第10卷，开罗，1884年，第25页，第44页。

大地区成为穆斯林新的家园。与此同时,塞尔柱突厥人击败法蒂玛王朝,夺取叙利亚,收复希贾兹的两座圣城。

阿勒卜·阿尔斯兰之子马立克沙于1072年即位后,定都木鹿。马立克沙当政期间,塞尔柱突厥人的势力达到顶峰,东起中亚、西至叙利亚和小亚细亚半岛、北起亚美尼亚、南至阿拉伯海的广大地区尽归其所有。1091年,马立克沙离开木鹿,迁都巴格达。[①]在星期五聚礼的呼图白中,巴格达的穆斯林祝福阿拔斯王朝的哈里发,同时祝福塞尔柱突厥人的苏丹。马立克沙还将女儿许配哈里发穆格台迪(1075—1094年在位),与阿拔斯家族结为姻亲。

1092年马立克沙死后,马立克沙之子桑贾尔承袭父位,以大塞尔柱苏丹的名义领有呼罗珊。与此同时,马立克沙的兄弟台台什领有叙利亚,马立克沙之子巴基亚卢格控制伊朗,家族内讧,兵戎相见。1157年,桑贾尔死于木鹿。此后,塞尔柱突厥帝国急剧衰落,所辖领地被来自中亚的另一突厥人政权花拉子模沙王朝吞并,塞尔柱突厥帝国名存实亡。

1127年,突厥将领伊马德丁·赞吉建立赞吉王朝,领有贾吉拉和叙利亚北部。伊马德丁·赞吉之子努尔丁当政期间,赞吉王朝的军队横扫盘踞在地中海东岸的基督教势力,攻陷爱德萨、大马士革、的黎波里和安条克,努尔丁成为抗击十字军东侵的中流砥柱。

努尔丁曾经遣部将希尔库和萨拉丁率军进入埃及,迎战十字军。1171年,萨拉丁推翻法蒂玛王朝,在开罗建立阿尤布王朝。此后,阿尤布王朝入主叙利亚,赞吉王朝灭亡。

---

① 哈桑·穆阿尼斯:《古代中世纪的阿拉伯国家与文明》,第172页。

曼齐喀特战役以后，阿勒卜·阿尔斯兰将小亚细亚东部赐封他的族弟苏莱曼·顾特米鲁什。1077 年,苏莱曼·顾特米鲁什自立为苏丹,建立罗姆苏丹国。罗姆苏丹国一度臣属于大塞尔柱苏丹,亦曾与拜占廷帝国缔结盟约,后来沦为蒙古人的藩国。1308 年,罗姆苏丹国被蒙古人灭亡。[①]

① 哈桑·穆阿尼斯:《古代中世纪的阿拉伯国家与文明》,第 175 页。

二、从蒙古西征到奥斯曼国家的兴起

1

13世纪的蒙古西征,构成中东伊斯兰世界之历史长河的重要分水岭。一方面,巴格达的陷落标志着哈里发国家的覆灭和哈里发时代的终结。另一方面,定居社会的衰落、游牧群体的泛滥、部族势力的膨胀和政治局势的剧烈动荡,成为此后中东伊斯兰世界的普遍现象。

1258年巴格达陷落后,中东伊斯兰世界最重要的政治势力是蒙古人建立的伊儿汗国。伊儿汗国(1256—1388年)系蒙古四大汗国之一,都于大不里士,领有东起阿姆河、西至叙利亚、北起高加索山南麓、南至波斯湾的广大地区。伊儿汗国的蒙古人原本信奉萨满教。第三代汗王帖古迭尔(1282—1284年在位)率先改奉伊斯兰教,更名艾哈迈德。第七代汗王合赞汗(1295—1304年在位)宣布尊伊斯兰教作为国教,采用苏丹的称号,更名穆罕默德,同时改革行政制度和税收制度,推行伊克塔制度,推广突厥语和波斯语作为官方语言。此后,越来越多的突厥人从中亚移入西亚。[①]伊儿汗国时代,波斯文化出现繁荣,鲁米(1207—1273年)创作的诗集《马斯纳维》、萨迪(1213—1291年)创作的诗集《果园》和散文集《蔷薇园》堪称波斯文学的奇葩,拉希德丁(1247—1317年)主持编撰的《史集》和朱韦尼(亦译志费尼)(1226—1303年)撰写的《世界征服者史》两部史学名著亦成书于此间。1335年,苏丹阿布·赛义德(1316—1335年在位)死后无嗣,伊儿汗国陷入王位纷争的状态,逐

---

① Ochsenwald,W.,*The Middle East:A History*, Boston 2003, p.139.

渐解体。

继伊儿汗国之后称雄伊斯兰世界的政权是帖木儿帝国(1370—1506年)。帖木儿(1370—1405年在位)祖籍中亚的撒马尔罕,出生于突厥化的蒙古贵族家庭,属于蒙古血统的巴鲁拉思部落,操突厥语,尊奉逊尼派伊斯兰教。1370年,帖木儿灭亡西察合台汗国,领有河中一带,自称埃米尔,后改称苏丹,定都撒马尔罕。帖木儿长期致力于军事扩张,1375—1379年间征服东察合台汗国,1380—1396年灭亡伊儿汗国,征服伊朗和伊拉克。此后,帖木儿曾经三次进攻金帐汗国,占领高加索山南麓。与此同时,帖木儿的军队于1398年攻入印度北部,洗劫图格拉王朝首都德里,1402年击败奥斯曼军队,俘奥斯曼苏丹巴叶济德一世,控制小亚细亚腹地。帖木儿之子沙鲁赫(1405—1447年在位)当政期间,迁都哈拉特。沙鲁赫之子兀鲁伯(1447—1449年在位)即位后,都城重新迁回撒马尔罕。帖木儿帝国时期,突厥文化空前繁荣,撒马尔罕和哈拉特成为伊斯兰世界璀璨夺目的文化名城。哈菲兹(1325—1389年)创作的诗歌被誉为"隐遁者的心声",贾米(1414—1492年)则被誉为古典诗坛的"末代诗圣"。1506年,乌兹别克人占领撒马尔罕,征服河中地区,帖木儿帝国灭亡。

黑羊王朝(1375—1468年)和白羊王朝(1378—1508年)均系土库曼人建立的伊斯兰教政权,高加索山南麓的亚美尼亚和阿塞拜疆是黑羊王朝和白羊王朝的主要活动区域。黑羊王朝亦称卡拉—科雍鲁王朝,其建立者祖居亚美尼亚,1390年定都大不里士,尊奉什叶派伊斯兰教。黑羊王朝于1410年占领伊拉克,1447年占领伊朗西部,一度兼并阿拉伯半岛东部沿海。1468年,黑羊王朝灭亡,属地尽归白羊王朝。白羊王朝亦称阿克—科雍鲁王朝,14世纪末依附于帖木儿帝国,1408年脱离帖木儿帝国,定都迪亚巴克尔,尊奉逊尼派伊斯兰教,领有亚美尼亚、阿塞拜疆、伊拉克北部和伊朗西部,1468 年迁都大不里士。15 世纪末,尊奉什叶派的萨法维教团的势力逐渐扩大。16 世纪初,白羊王朝衰落,其领地尽属萨法维王朝。

2

自 7 世纪中叶开始,小亚细亚半岛成为拜占廷帝国仅存的亚洲领土,小亚细亚半岛南侧的陶鲁斯山则是拜占廷帝国抵御阿拉伯穆斯林进攻的天然屏障。11 世纪中叶,祖居中亚的突厥人越过阿姆河,大举西迁。1071 年的曼齐喀特战役,无疑是小亚细亚半岛的历史转折点。小亚细亚半岛原本是基督教和希腊人的世界,曼齐喀特战役后逐渐成为塞尔柱突厥人新的家园,伊斯兰教随之传入。13 世纪蒙古帝国兴起以后,大批突厥血统的穆斯林迫于蒙古西征的压力,自中亚和伊朗高原移入小亚细亚半岛,进而导致小亚细亚半岛人口构成的明显变化。小亚细亚半岛的伊斯兰教化和突厥化,提供了奥斯曼人异军突起的重要社会基础。

曼齐喀特战役后,塞尔柱突厥人建立罗姆苏丹国(1077—1308 年),都于尼西亚,继而迁都科尼亚,领有小亚细亚半岛东部和中部直至爱琴海沿岸的广大地区,拜占廷帝国在小亚细亚半岛的疆域仅限于君士坦丁堡和黑海沿岸的特拉比宗一带。

1243 年,塞尔柱突厥人在科赛达格败于蒙古军,科尼亚的苏丹被迫向蒙古军称臣纳贡,直至沦为伊儿汗国的附庸。此后,罗姆苏丹国逐渐衰落,诸多埃米尔国遂各自为政。卡拉曼埃米尔国占据安纳托利亚的中南部,都于科尼亚。特克埃米尔国控制安纳托利亚的东南部沿海,都于安塔利亚。特克埃米尔国以北是哈米德埃米尔国和格尔米延埃米尔国,分别都于伊斯帕尔塔和屈塔希亚。爱琴海沿岸系门特什埃米尔国的领地。艾丁埃米尔国和萨鲁罕埃米尔国位于门特什埃米尔国以北,分别都于提尔和玛尼萨。萨鲁罕埃米尔国以北至达达尼尔海峡是卡列西埃米尔国,卡列西埃米尔国的西北侧是奥斯曼埃米尔国。[①]

小亚细亚半岛地处基督教世界与伊斯兰教世界的中间地带,哈里发时代,穆斯林将小亚细亚半岛视作进攻基督教世界的前沿战场。长期以来,穆斯林与基督徒在小亚细亚半岛频繁攻战,形成深刻的宗教对立。十字军东侵时期,叙利亚成为穆斯林与基督徒交锋的主要区域,穆斯林与基督徒在小亚细亚半岛的宗教对抗有所缓解。十字军东侵结束后,小亚细亚半岛的战事再度进入高潮。穆斯林与基督徒之间的激烈厮杀,吸引来自伊斯兰世界的圣战者不断涌入小亚细亚半岛,直至在拜占廷的边境区域建立包括奥斯曼埃米尔国在内的诸多埃米尔国,隶属于科尼亚的罗姆苏丹国。奥斯曼人的国家脱胎于穆斯林在小亚细亚半岛发动的圣战实践,奥斯曼国家的兴起可谓小亚细亚半岛之穆斯林圣战实践的逻辑结果。

3

突厥人是阿尔泰语系的分支,包括东突厥人与西突厥人。[②]奥斯曼人系西突厥人,属于西突厥人之乌古斯部落联盟(塞尔柱人亦属该部落联盟)的凯伊部落,曾经在伊朗高原东北部的呼罗珊地区从事游牧活动,尊奉逊尼派伊斯兰教。

---

① Imber,C.,*The Ottoman Empire 1300–1650*,New York 2002,pp.4–7.

② Ochsenwald,W.,*The Middle East:A History*,p.162.

13 世纪初,由于受到蒙古西侵的威胁,凯伊部落离开呼罗珊,迁至两河流域上游。凯伊部落在其首领苏莱曼死后分裂为两支,其中一支返回呼罗珊并依附于蒙古人,另一支在苏莱曼之子厄尔图格鲁尔率领下进入小亚细亚半岛西北部萨卡利亚河畔的索古德地区,依附于罗姆苏丹国。①

1280 年厄尔图格鲁尔死后,其子奥斯曼(1280—1326 年在位)承袭父职,进而以圣战的名义袭击拜占廷帝国的边境,抢劫财物,拓展疆土,围攻拜占廷帝国城市尼西亚。奥斯曼于 1301 年在巴法埃农击败救援尼西亚的拜占廷帝国军队,旋即被罗姆苏丹国的苏丹阿拉丁二世授予贝伊的称号。②

1302 年阿拉丁二世死后,罗姆苏丹国分裂,奥斯曼遂改称埃米尔,创建奥斯曼埃米尔国,定都卡拉加希萨尔,③继而向黑海和马尔马拉海方向拓展领土。④

---

① Lapidus,M.A., *A History of Islamic Societies*, Cambridge 1988, p.306.

② Holt,P.M.,Lambton,A.K.S.&Lewis,B.,*The Cambridge History of Islam*,Vol.1A,p.268.

③ 卡拉加希萨尔位于萨卡利亚河谷,距布尔萨 2 天的路程,原为拜占廷帝国的一处主教所在地,希腊人称之为"马拉吉纳"。

④ Imber,C.,*The Ottoman Empire 1300–1650*,p.144.

三、奥斯曼国家的扩张

1

1326 年奥斯曼死后,其子乌尔汗(1326—1360 年在位)即位,移都布尔萨。乌尔汗将奥斯曼的遗体葬于布尔萨,布尔萨由此被奥斯曼人视作圣城。此后,乌尔汗率军攻占拜占廷帝国的重镇菲洛克林、尼西亚和尼科米底亚诸地,兼并原属罗姆苏丹国的大部领土,成为小亚细亚半岛最具实力的穆斯林政权, 进而将扩张的矛头指向巴尔干半岛。1345 年,乌尔汗兼并卡列西埃米尔国,控制达达尼尔海峡,进而打开通向欧洲的大门。[①]

1341 年拜占廷皇帝安德洛尼卡三世死后,其子巴列奥略在君士坦丁堡加冕即位,称约翰五世;康塔库尊拒绝承认约翰五世,在色雷斯自立为拜占廷皇帝,是为约翰六世。1346 年,约翰六世与奥斯曼人结盟,将其女狄奥多拉许配乌尔汗为妻。同年,乌尔汗之子苏莱曼率军 6000人开赴色雷斯援助约翰六世, 夺取伊斯坦布尔以北的黑海沿岸地区,是为奥斯曼人首次踏上欧洲的土地。[②]

穆拉德一世(1360—1389 年在位)当政时期,兼并格尔米延埃米尔国和哈米德埃米尔国,降服卡拉曼埃米尔国,控制安纳托利亚中部。与此同时,奥斯曼人开始大规模进军东南欧地区。1369 年,奥斯曼军队攻占亚德里亚堡,切断拜占廷帝国首都君士坦丁堡与巴尔干半岛之间的

---

① Turnbull,S.,*The Ottoman Empire 1326–1699*,New York 2003,p.13.

② Turnbull,S.,*The Ottoman Empire 1326–1699*,p.13.

联系,东南欧地区门户顿开。穆拉德一世遂将奥斯曼国家首都从布尔萨迁至亚德里亚堡,亚德里亚堡改称埃迪尔内。1371 年,奥斯曼军队在马里查河畔的塞尔诺文击败塞尔维亚人,迫使巴尔干诸地向穆拉德一世称臣纳贡。奥斯曼军队自 1380 年起发动新的攻势,1383 年占领塞里兹,1385 年占领索菲亚,1386 年占领尼什,1387 年占领撒罗尼卡。1389年,巴尔干诸地发生反叛,塞尔维亚人、保加利亚人、波斯尼亚人、匈牙利人和阿尔巴尼亚人组成联军,在塞尔维亚国王拉扎尔统率下进攻奥斯曼军队。双方在科索沃平原展开决战,穆拉德一世与拉扎尔皆死于战场,奥斯曼军队取得决定性的胜利。[①]

穆拉德一世死后,巴叶济德(1389—1402 年在位)即位。1390 年,巴叶济德征服爱琴海沿岸的萨鲁罕埃米尔国、艾丁埃米尔国和门特什埃米尔国。1392—1393 年,巴叶济德降服塞尔维亚,占领保加利亚,攻入瓦拉几亚。1394 年,开罗的哈里发穆台瓦基勒赐封巴叶济德以苏丹的称号,奥斯曼国家随之由埃米尔国演变为苏丹国。1396 年,奥斯曼军队在多瑙河畔的尼科堡击败欧洲基督教诸国组成的十字军,进而完成对于巴尔干半岛的征服。1397 年,巴叶济德的军队移师东征,占领科尼亚,兼并卡拉曼埃米尔国。1398 年,巴叶济德占领锡瓦斯,控制黑海沿岸。拜占廷帝国仅余几座孤城,从亚德里亚海和匈牙利平原至幼发拉底河的广大地区纳入奥斯曼苏丹国的版图。[②]

---

① Imber,C.,*The Ottoman Empire,1300–1650*,pp.10–13.

② Imber,C.,*The Ottoman Empire,1300–1650*,pp.13–16.

2

14世纪末,帖木儿帝国崛起于中亚,都于撒马尔罕。帖木儿的军队于1400年兵抵锡瓦斯,1401年攻入叙利亚。1402年,帖木儿率军攻入小亚细亚半岛,与巴叶济德率领的奥斯曼军队交战于安卡拉平原。奥斯曼军队战败,巴叶济德被俘后忍辱而死,小亚细亚半岛归降帖木儿帝国。①

安卡拉战役后,帖木尔恢复格尔米延、萨鲁罕、艾丁、门特什和卡拉曼诸埃米尔国在其原有疆域的统治权。奥斯曼人在安纳托利亚仅保留东起阿玛萨西至布尔萨和马尔马拉海的地带,由帖木儿分别赐封给巴叶济德的四个儿子伊萨、苏莱曼、穆罕默德和穆萨。其中,伊萨领有布尔萨和安纳托利亚西部,苏莱曼领有巴尔干半岛,穆罕默德领有阿玛萨一带,穆萨处于穆罕默德的监护之下。

帖木儿返回中亚以后,巴叶济德的四子之间相互厮杀,内战持续10年之久。1404年,苏莱曼的军队夺取布尔萨,控制安纳托利亚西部。1409年,穆罕默德指使穆萨潜入巴尔干,在瓦拉几亚人的支持下控制保加利亚东部和色雷斯,迫使苏莱曼撤军,安纳托利亚西部遂成为穆罕默德的领地。1411年,穆萨攻占埃迪尔内,苏莱曼死于逃往君士坦丁堡的途中。1413年,穆罕默德的军队越过博斯普鲁斯海峡,穆萨在索非亚附近兵败身亡。1415年,穆罕默德占领卡拉曼埃米尔国西部,重新兼并萨鲁罕埃米尔国。②

---

① Turnbull,S.,*The Ottoman Empire 1326–1699*,p.28.

② Imber,C.,*The Ottoman Empire,1300–1650*,pp.17–20.

3

1421 年穆罕默德死后，其子穆拉德即位，是为穆拉德二世(1421—1451 年在位)。穆拉德二世于 1422 年借口拜占廷皇帝干预苏丹的权位继承，进攻君士坦丁堡，迫使拜占廷皇帝割让君士坦丁堡城周围除供水区外的所有地区，每年缴纳 3 万金币作为岁贡。穆拉德二世的军队于1424 年灭亡艾丁埃米尔国，1425 年灭亡门特什埃米尔国，1428 年灭亡格尔米延埃米尔国。1430 年，穆拉德二世再度攻陷帖萨罗尼加。其后数年，奥斯曼帝国占领阿尔巴尼亚，继而占领塞尔维亚地区。[①]1444 年，奥斯曼军队在黑海西岸的瓦尔纳击败匈牙利国王弗拉迪斯拉夫率领的基督教十字军。1448 年，穆拉德二世在科索沃平原再度取胜，洪雅迪率领的匈牙利军队战败求和。[②]穆拉德二世的胜利巩固了奥斯曼人在东南欧地区的统治地位，巴尔干半岛的基督徒丧失了反击奥斯曼人的最后力量。

君士坦丁堡地处亚欧大陆的结合部，扼守黑海与地中海的通道。夺取君士坦丁堡是历代穆斯林统治者的夙愿。穆罕默德二世(1451—1481 年在位)即位时，拜占廷帝国领土丧失殆尽，财源枯竭，首都君士坦丁堡尽管地势险要，然而城内人口锐减，防务空虚，兵力不足万人，无力抵御奥斯曼人发动的强大攻势。1453 年，穆罕默德二世指挥 5 万人的大军和 200 艘战船，攻陷君士坦丁堡，历时千年之久的拜占廷帝国寿终正寝。君士坦丁堡改称伊斯坦布尔，成为奥斯

---

① Imber,C.,*The Ottoman Empire,1300–1650*,pp.22–24.

② Turnbull,S.,*The Ottoman Empire 1326–1699*,p.36.

曼帝国的首都。①

1456 年,奥斯曼帝国占领雅典,征服希腊。1458 年,奥斯曼帝国完成对于塞尔维亚地区的征服,"多瑙河成为奥斯曼帝国与匈牙利王国的分界线"。1463—1466 年,奥斯曼帝国征服波斯尼亚和黑塞哥维那。1468年,奥斯曼帝国征服阿尔巴尼亚。1473 年,奥斯曼帝国击败白羊王朝,夺取安纳托利亚东部。1475 年,奥斯曼帝国征服克里米亚汗国,黑海成为奥斯曼帝国的内湖。1463—1478 年,奥斯曼帝国与威尼斯人激烈角逐爱琴海,占领爱琴海诸岛屿。1480 年,奥斯曼帝国的军队越过亚德里亚海,兵临意大利本土的奥兰多。②

4

巴叶济德二世(1481—1512 年在位)当政期间,奥斯曼帝国的扩张势头明显减缓。苏丹塞里姆一世(1512—1520 年在位)即位后,奥斯曼帝国的扩张主要表现为伊斯兰世界的领土兼并。

奥斯曼人的军队于 1514 年在安纳托利亚东部的查尔迪兰重创伊斯马仪沙的军队,一度攻占萨法维王朝的首都大不里士及阿塞拜疆诸地。此后,奥斯曼帝国的扩张矛头指向马木路克王朝。自 1258 年巴格达陷落和阿拔斯王朝灭亡之后,马木路克王朝领有埃及、叙利亚和希贾兹诸地,既是穆斯林抵御蒙古入侵的中坚力量,亦是宗教圣城麦加、麦地那和耶路撒冷的保护者,控制几乎整个的阿拉伯世界,俨然成为逊尼派伊斯兰教的象征。开罗的马木路克苏丹与伊斯坦布尔的奥斯曼

---

① Turnbull,S.,*The Ottoman Empire 1326–1699*,p.39.

② Imber,C.,*The Ottoman Empire,1300–1650*,pp.29–36.

苏丹分庭抗礼，陶鲁斯山则是奥斯曼帝国与马木路克王朝的分界线。
1516 年，奥斯曼帝国的军队越过陶鲁斯山，攻入叙利亚，击败马木路克
王朝的军队，大马士革、阿勒颇、的黎波里、耶路撒冷以及黎巴嫩和巴
勒斯坦被纳入奥斯曼帝国的版图。1517 年，奥斯曼人的军队自加沙出
发进入尼罗河流域，攻占开罗，马木路克苏丹统治下的埃及被纳入奥
斯曼国家的版图，麦加的谢里夫家族以及希贾兹的贝都因人部落随后
宣誓效忠于伊斯坦布尔的苏丹。①

　　苏莱曼一世(1520—1566 年在位)即位后，奥斯曼人的军队在东部
战场再度击败伊朗萨法维王朝的军队，吞并库尔德斯坦，占领伊拉克，
兵抵波斯湾。1555 年，奥斯曼帝国与萨法维王朝签署和约，确定扎格罗
斯山作为双方的分界线。② 与此同时，奥斯曼帝国在东南欧发动新的攻
势。1521 年，奥斯曼帝国的军队自索非亚出发，占领贝尔格莱德，进而
控制匈牙利平原和多瑙河上游。1522 年，奥斯曼帝国的舰队占领十字
军骑士据守的罗德岛，进而打通伊斯坦布尔与亚历山大之间的水路，
控制东地中海水域。1526 年，奥斯曼帝国军队占领布达佩斯，控制匈牙
利大部地区。1529 年，奥斯曼帝国军队再次占领布达佩斯，将奥地利军
队赶出匈牙利，继而兵临维也纳城下。1533 年，哈布斯堡王朝承认匈牙
利为奥斯曼帝国的臣属。③ 1570 年，奥斯曼帝国的舰队占领塞浦路斯；
此后，苏丹政府将大量的突厥人从安纳托利亚移入塞浦路斯，而将塞
浦路斯操希腊语的居民迁往安纳托利亚的安塔里亚一带。④ 1576 年，

---

①　Imber,C.,*The Ottoman Empire,1300–1650*,pp.45–47.

②　Shaw,S.J.& Shaw,E.K.,*History of the Ottoman Empire and Modern Turkey*,Vol.1:*Empire of the Gazis:The Rise and Decline of the Ottoman Empire 1280–1808*,Cambridge 1976,p.109.

③　Imber,C.,*The Ottoman Empire,1300–1650*,pp.49–51.

④　Turnbull,S.,*The Ottoman Empire 1326–1699*,p.57.

奥斯曼帝国军队占领菲斯,控制摩洛哥。1583—1584 年,奥斯曼帝国的军队击败萨法维王朝的军队,占领格鲁吉亚和阿塞拜疆,控制高加索地区。1645 年,奥斯曼帝国的军队一度远征克里特岛,占领克里特岛的多处港口。①

16 世纪堪称奥斯曼帝国的黄金时代,东南欧与西亚、北非广大地区成为伊斯坦布尔苏丹的属地,黑海和红海俨然是奥斯曼帝国的内湖,多瑙河、尼罗河以及幼发拉底河与底格里斯河则被视作奥斯曼帝国横跨三洲之辽阔疆域的象征。鼎盛的奥斯曼帝国,令哈布斯堡王朝统治的神圣罗马帝国和萨法维王朝统治的伊朗相形见绌。

---

① Shaw,S.J.& Shaw,E.K.,*History of the Ottoman Empire and Modern Turkey*, Vol.1,pp.201–202.

四、奥斯曼国家的政治与宗教

1

奥斯曼帝国采用君主政体,苏丹的权位遵循奥斯曼家族世袭的继承原则。伊斯坦布尔的苏丹凌驾于臣民之上,俨然是臣民的主宰者和保护者,是臣民忠诚的对象。苏丹被视作牧人,称作拉伊亚的臣民则是顺从苏丹的羊群。奥斯曼苏丹是奥斯曼帝国的象征;"没有奥斯曼家族,便不会有奥斯曼帝国"。[①]然而,奥斯曼帝国统治下的中东并非卡尔·魏特夫所说的所谓东方水利社会,伊斯坦布尔的苏丹亦非拥有绝对权力的专制君主。奥斯曼帝国的苏丹对于中东诸多地区的控制,在很大的程度上取决于地方势力与伊斯坦布尔之间的关系。奥斯曼帝国的北部即安纳托利亚和巴尔干半岛构成苏丹统治的重心所在,南部阿拉伯人地区长期处于相对自治的地位。另一方面,苏丹即使在理论上亦非具有无限的权力,宗教传统和称作沙里亚的伊斯兰教法构成制约苏丹权力的重要因素。

早期的奥斯曼苏丹以圣战作为首要职责,征战时亲临前线,宫廷的实际所在地随苏丹的征战活动呈移动状态。16世纪中叶以后,除穆罕默德三世(1595—1603年在位)于1596年征战匈牙利、奥斯曼二世(1618—1622年在位)于1621年征战波兰、穆拉德四世(1623—1640年在位)于1635年征战埃里温和1638年征战巴格达

---

① Inalcik,H.,*The Ottoman Empire:the Classical Age 1300—1600*,New York 1973,p.59.

外,历任苏丹大都不再亲临战场,伊斯坦布尔的托普卡帕宫成为苏丹的常驻地。①托普卡帕宫包括后宫、内宫和外宫三部分。后宫的人员包括苏丹的女眷、女仆和阉奴;苏丹的生母是后宫的核心人物,其次是苏丹的长子的生母,依此类推。内宫人员亦由苏丹的奴仆组成,服侍苏丹的起居生活。外宫的人员包括维齐尔和其他军政显贵以及教界首领。后宫的阉奴最初大都是来自高加索山区的塞加西亚人,16世纪以后主要来自撒哈拉以南的非洲。苏莱曼一世当政期间,苏丹的宫廷人员约1万人。②

奥斯曼帝国尊奉的伊斯兰教哈奈菲派教法规定,一个女子只能在同一时间嫁给一个男子,而一个男子可以同时娶四个女子为妻,并且可以纳女奴为妾。奥斯曼帝国的苏丹,大都系女奴所生。15世纪中叶的奥斯曼历史家舒克鲁拉写道:巴叶济德一世"有6个儿子:厄尔图格鲁尔、苏莱曼、穆罕默德、伊萨、穆萨、穆斯塔法,他们的母亲都是女奴"③。苏丹的男性子嗣首先由其生母分别抚养,至一定年龄时,出任行省总督,继续由其生母陪伴,处于伊斯坦布尔苏丹的控制之下,权力通常限于享有封地的收益。④

苏丹的所有男性子嗣均系苏丹权位的合法继承人,享有同等的合法继承权,是为奥斯曼帝国权位继承的基本原则。由于苏丹后宫庞大,子嗣众多,加之缺乏权位继承的明确规定,王室成员内讧不断,继任苏丹者弑兄戮弟的现象屡见不鲜。乌尔汗当政期间,似乎并未出现王室

---

① Imber,C.,*The Ottoman Empire 1300–1650*,p.143.

② Ochsenwald,W.,*The Middle East: A History*,p.192.

③ Imber,C.,*The Ottoman Empire 1300–1650*,pp.88–89.

④ Inalcik,H.,*The Ottoman Empire:the Classical Age 1300–1600*,p.60.

内讧。穆拉德一世即位后,首开王室内部的杀戮之先河,处死乌尔汗的其余所有子嗣。此后历任苏丹竞相效仿,继任苏丹者弑兄戮弟成为奥斯曼家族权位继承的惯例。①穆罕默德二世当政期间,曾经颁布法令,宣布诸王子中继任苏丹者有权处死其余王子,以求维护帝国的统一。苏莱曼二世和穆拉德二世明确规定,只有长子享有继任苏丹的资格。穆罕默德三世即位后,处死兄弟 19 人,并且废除委派苏丹子嗣出任封疆大吏的习俗,将苏丹子嗣囚禁于宫内,后者不得与外界联系,生活于恐惧之中。穆拉德四世即位后,处死 4 兄弟中的 3 人,只有 1 人即伊卜拉欣幸免被害,因为穆拉德四世本人无后。②1876 年宪法颁布以后,王室内部的杀戮现象逐渐废止。

2

伊斯坦布尔的御前会议是辅佐苏丹的最高权力机构,每周召开 4 次,每次历时 7—8 小时,御前会议的成员包括维齐尔、大法官和财政官。维齐尔掌管军政要务,人数不定,15 世纪的御前会议通常包括 3 名维齐尔,16 世纪初增至 4 人,后来增至 7 人,17 世纪中叶达到 11 人。大法官的职位始建于穆拉德一世当政期间。穆罕默德二世以后,大法官由 1 人增至 2 人,分别掌管鲁梅利亚和安纳托利亚的司法权力。塞里姆一世征服埃及和叙利亚以后,增设第三名大法官,不久后撤销。15 世纪的御前会议有财政官 1 人,16 世纪初增至 2 人,分别掌管鲁梅利亚和安纳托利亚。16 世纪末,财政官增至 4 人,分别掌管鲁梅利亚、安

---

① Imber,C.,*The Ottoman Empire 1300–1650*,pp.98–99.

② Inalcik,H.,*The Ottoman Empire:the Classical Age 1300–1600*,pp.59–61.

纳托利亚、伊斯坦布尔和多瑙河地区。①奥斯曼帝国前期,苏丹亲自主持御前会议。穆罕默德二世即位以后,御前会议由大维齐尔主持,苏丹改为垂帘听政。自17世纪开始,苏丹大都不再亲自料理政务,而是退居埃迪尔内的行宫,伊斯坦布尔的御前会议转变为由大维齐尔主持的国务会议,大维齐尔的官邸即最高波尔特(the Sublime Porte)随之演变为奥斯曼帝国中央政府的象征。②

维齐尔代表苏丹掌管国家的行政机构,拥有广泛的世俗权力,位高权重,然而其政治命运往往取决于苏丹的意志。另一方面,维齐尔的身世和种族背景十分复杂。君士坦丁堡征服之前,维齐尔大都具有突厥血统的显贵背景,家族世袭者甚多。穆罕默德二世当政期间,首开任命异族基督徒作为大维齐尔的先河。斯拉夫血统的马哈茂德帕夏于1455—1474年出任维齐尔,是奥斯曼帝国历史上第一位异族基督徒出身的维齐尔。③在1453—1623年的48位维齐尔中,只有5人具有土耳其的血统,却有33人属于皈依伊斯兰教的基督徒,分别来自希腊人、阿尔巴尼亚人、斯拉夫人、意大利人、亚美尼亚人和格鲁吉亚人。④1521年以后,维齐尔多数来自巴尔干半岛西部募集的奴隶,出身卑微。16世纪中叶,奴隶出身的阿尔巴尼亚人卢夫提帕夏和波斯尼亚人鲁斯塔姆帕夏相继出任维齐尔。16世纪末17世纪初,维齐尔大都出自阿尔巴尼亚人。17世纪中叶,来自高加索地区的塞加西亚人、阿布哈兹人和格鲁吉亚人出任维齐尔者明显增多,成为制约阿尔巴尼

① Imber,C.,*The Ottoman Empire 1300–1650*,pp.171–172,p.159.

② Inalcik,H.,*The Ottoman Empire:the Classical Age 1300–1600*,New York 1973,p.90.

③ Inalcik,H.,*The Ottoman Empire:the Classical Age 1300–1600*,New York 1973,p.95.

④ 布罗克尔曼:《伊斯兰各民族与国家史》,第363页。

亚人的政治力量。1656—1676 年,阿尔巴尼亚人科普鲁鲁·穆罕默德和法兹勒·艾哈迈德出任维齐尔,成为御前会议的核心人物。[1]相比之下,自 15 世纪中叶开始,突厥血统的穆斯林出任维齐尔者寥寥无几。至于御前会议中的大法官和财政官,依旧多为具有伊斯兰教背景的突厥穆斯林。

奥斯曼国家建立初期,地方行政区域名为桑贾克(意为旗帜),桑贾克的长官称作桑贾克贝伊。巴尔干半岛征服以后,奥斯曼国家的疆域明显扩大,苏丹遂在鲁梅利亚和安纳托利亚设立行省,行省长官称作贝勒贝伊,亦称帕夏,驻节地分布为埃迪尔内和安卡拉。巴叶济德一世当政期间增设鲁姆作为第三个行省,驻节地为锡瓦斯。1468 年增设卡拉曼作为第四个行省,驻节地为科尼亚。[2]至 17 世纪初,奥斯曼国家的行省达到 32 个。典型的行省建立在军事封邑即提马尔制度的基础之上,下设若干桑贾克,每个桑贾克包括若干军事封邑,军事封邑的领有者称作西帕希。贝勒贝伊、桑贾克贝伊和西帕希代表伊斯坦布尔的苏丹,行使统治地方的世俗权力。桑贾克贝伊的任期通常不超过 3 年,届满后由贝勒贝伊举荐至御前会议,再由苏丹任命为其他桑贾克的贝伊。17 世纪初,鲁梅利亚行省下辖 24 个桑贾克,安纳托利亚行省下辖14 个桑贾克,大马士革行省下辖 11 个桑贾克。亦有一些行省不设桑贾克,如伊拉克的巴士拉和巴格达、阿拉伯半岛的哈萨和也门、北非的埃及、的黎波里、突尼斯和阿尔及尔。[3]行省处于奥斯曼帝国苏丹的直接控制之下,行省总督由苏丹任免。行省之外亦有相当数

---

① Imber,C.,*The Ottoman Empire 1300–1650*,p.164,p.166.

② Inalcik,H.,*The Ottoman Empire:the Classical Age 1300–1600*,p.104.

③ Imber,C.,*The Ottoman Empire 1300–1650*,pp.178–179,p.192,p.184.

量的封邑，主要分布在巴尔干边境的缓冲区域摩尔达维亚、瓦拉几亚、特兰西瓦尼亚、杜布罗夫尼克诸地，封邑的领主大都系基督教贵族，向伊斯坦布尔的苏丹缴纳贡赋，提供辅助性兵员，职位世袭，处于相对自治的地位。[①]

3

阿拔斯王朝时期，哈里发为了削弱阿拉伯人和波斯人家族势力的影响，常常在中亚和高加索地区以及非洲招募奴隶出任官职，奴隶出身的高官显贵和封疆大吏屡见不鲜。埃及的马木路克王朝，便是异族出身的奴隶皈依伊斯兰教之后在尼罗河流域建立的政权。奴隶政治的广泛影响，由此可见一斑。伊斯兰教承认奴隶制的合法地位，构成伊斯兰世界奴隶政治长期存在的理论依据。奥斯曼和乌尔汗当政期间，奥斯曼国家具有家族政治的浓厚色彩，奥斯曼家族成员位高权重。自穆拉德一世时期开始，奴隶政治逐渐兴起。

奥斯曼国家的奴隶，最初主要来自战俘，15 世纪以后大都来自帝国境内基督教臣民的征募。定期征募基督徒儿童的制度，称作德米舍梅制。[②]德米舍梅制始于巴叶济德一世当政时期，穆拉德二世和穆罕默德二世当政时期流行，至 16 世纪末起逐渐减少，17 世纪已不多见。根据相关资料的记载，苏丹的官员定期来到基督徒居住的村庄，召集全体男性村民，宣布苏丹的征募令；如果一户有数子，征募其中一名青年，如果一户只有一子，则免于征募，贵族、教士、孤儿、身材过高或过

---

① Inalcik,H.,*The Ottoman Empire:the Classical Age 1300–1600*,p.107.

② Cleveland,W.L.,*A History of the Modern Middle East*,Boulder 2004,p.46.

低者、无胡须者、已婚者亦免于征募。①被征募者进入伊斯坦布尔和埃迪尔内的宫廷学校,登记本人姓名、父亲姓名、原住址以及所属的封邑,由医生进行身体检查,直至接受严格的训练和培养,其中条件最佳者选入苏丹的宫廷,直至涉足仕途,余者加入苏丹的近卫军团。②德米舍梅制的目的,在于削弱奥斯曼人的部族传统,强化苏丹的控制。

"在奥斯曼社会,成为苏丹的奴隶意味着荣誉和特权……甚至苏丹的生母和御师亦大都具有奴隶的身世。"③奴隶出身的官吏拥有可观的个人财产和显赫的社会地位,苏丹则是他们的绝对主人。"他们拥有的权力来源于苏丹的意志;他们是苏丹的工具和奴仆。苏丹可以随意罢免和惩处他们。"④奴隶出身的官吏作为苏丹的忠实仆人,在维系奥斯曼帝国中央集权和克服地方离心倾向方面具有举足轻重的作用。马基雅维里甚至认为,奥斯曼帝国是建立在奴隶制基础上的绝对君主制。⑤直至中世纪末期,身世的贵贱尊卑在欧洲诸国构成决定仕途的首要因素。相比之下,奴隶政治的广泛影响构成奥斯曼帝国的明显特征。苏莱曼当政期间,奥地利使臣出于其特定的政治文化背景,曾经对此做出如下评述:"在土耳其人中,丝毫不看重出身;对某个人的尊重程度,是按他在公务中所担任的职务来衡定的。苏丹在作出任命时,并不注重财富和等级这一类假象……他是根据事情本身的是非曲直来考虑取舍的……人们在部门中得到升迁,靠的是功绩。这种制度保证了各种职务只委派给

---

① Imber,C.,*The Ottoman Empire 1300–1650*,pp.135–136.

② Cleveland,W.L.,*A History of the Modern Middle East*,p.45.

③ Inalcik,H.,*The Ottoman Empire:the Classical Age 1300–1600*,p.87.

④ Cleveland,W.L.,*A History of the Modern Middle East*,p.46.

⑤ Inalcik,H.,*The Ottoman Empire:the Classical Age 1300–1600*,p.77.

能力相称的人。在土耳其,每个人都把自己的祖宗家系,还有自己的命运前程,掌握在自己手里,至于是成是毁,那就全看他自己了。"①

4

奥斯曼国家起源于穆斯林对基督徒的圣战,武力扩张构成奥斯曼国家历史进程的突出特征。奥斯曼人的国家机构具有浓厚的军事色彩,俨然是庞大的战争机器。军事贵族的特权地位,构成奥斯曼文明的明显特征。领土的征服与战利品的分享,则是维系奥斯曼帝国的纽带。另一方面,庞大的奥斯曼帝国建立在领土兼并的基础之上,辽阔的疆域内存在着诸多的种族和宗教,伊斯坦布尔的苏丹面临地方离心倾向的挑战,中央集权的国家制度构成维系统一帝国的政治基础,维持强有力的军事力量则是克服地方离心倾向的首要任务。

奥斯曼国家的军队主要由西帕希和耶尼切里组成。西帕希建立在封邑制的基础之上,系封邑的领有者,自备兵器和马匹,平时为民,战时出征,是典型的中世纪骑兵和奥斯曼帝国的主要军事力量。"西帕希享有国有土地的受益权,征收农民缴纳的地租和赋税,保障土地处于耕种状态。遇有战事,西帕希根据受封土地的收入,向苏丹提供相应数量的战士和战争物资。"② 西帕希骑兵的服役期通常为每年的3—10月,其后返回各自的领地。西帕希处于苏丹的直接控制下,因此不同于西欧的封建军队。奥斯曼帝国的军事封邑面积不等,年收入不足2万阿克切(银币)的封邑称"提马尔",年收入在2万至10万阿克切的封

---

① 戴维森:《从瓦解到新生》,张增健等译,学林出版社,1996年,第50页。

② Karpat,K.H.,*Social Change and Politics in Turkey*,Leiden 1973,p.33.

邑称"齐阿迈特",年收入超过 10 万阿克切的封邑称"哈斯"。奥斯曼帝国规定,3000 至 5000 阿克切的年收入须提供 1 名骑兵以及相应的武器和粮饷。1473 年,奥斯曼帝国的军队为 10 万人,其中来自鲁梅利亚的西帕希骑兵 4 万人,来自安纳托利亚的西帕希骑兵 2.4 万人。[①]1525年,奥斯曼帝国的西帕希骑兵约 5 万人。[②]1527 年,奥斯曼帝国共有 3.7万个提马尔领地,提供西帕希骑兵 7—8 万人。1607 年,提马尔领地增至 4.4 万个,提供西帕希骑兵 10 万人。[③]

耶尼切里建立在雇佣制的基础之上,领取薪金,系奥斯曼国家的常备军。耶尼切里"是奥斯曼帝国的精锐部队,在几个世纪中堪称欧洲最精良的步兵"[④]。耶尼切里本意为新军,亦称卡皮库鲁,起源于乌尔汗和穆拉德当政时期,主要招募巴尔干地区的基督徒男童,组成苏丹卫队,后来演变为直接隶属于苏丹的近卫军团,装备滑膛枪和野战炮。[⑤]耶尼切里的规模,穆拉德当政时期约 1000 人,巴叶济德当政时期扩大为 5000 人。[⑥]穆罕默德二世当政期间,奥斯曼帝国的兵员总数约 10 万人,其中耶尼切里 1.2 万人。[⑦]苏莱曼即位后,耶尼切里增至 4 万人,招募范围亦逐渐扩大到小亚细亚半岛和高加索地区。[⑧]耶

---

① Inalcik,H., *An Economic and Social History of the Ottoman Empire*,Vol.I:1300–1600,Cambridge 1994,p.141,p.88.

② Imber,C.,*The Ottoman Empire 1300–1650*,p.257.

③ Shaw,S.J.& Shaw,E.K.,*History of the Ottoman Empire and Modern Turkey*,Vol.1,p.127.

④ Turnbull,S.,*The Ottoman Empire 1326–1699*,p.19.

⑤ Turnbull,S.,*The Ottoman Empire 1326–1699*,p.19.

⑥ Ochsenwald,W.,*The Middle East:A History*,p.173.

⑦ Inalcik,H., *An Economic and Social History of the Ottoman Empire*,Vol.I:1300–1600,p.88.

⑧ Cleveland,W.L., *A History of the Modern Middle East*,p.47.

尼切里自幼从军,奉行独身原则,不得娶妻成婚,由此形成封闭的状态。至苏莱曼当政期间,耶尼切里的独身原则逐渐废止。苏莱曼二世即位后,甚至允许耶尼切里将其男性子嗣列入军饷名册,作为后备战士,进而导致耶尼切里内部普遍的职业世袭化现象。至17世纪末,奥斯曼帝国停止直接招募非穆斯林少年组成耶尼切里,耶尼切里的封闭状态不复存在,耶尼切里的来源构成呈开放的倾向。形形色色的社会成分加入耶尼切里,兵员的混杂状况日趋严重,耶尼切里的战斗力随之明显下降。

奥斯曼帝国的海军始建于16世纪,兵员包括突厥人、希腊人、阿尔巴尼亚人,兼有封邑制与雇佣制。海军统帅最初采用桑贾克贝伊的称谓,后来改称贝勒贝伊并参加御前会议。爱琴海诸地是海军主要的提马尔所在。[①]

5

奥斯曼帝国沿袭哈里发国家的历史传统,采用教俗合一的政治制度,政治生活具有浓厚的宗教色彩。伊斯坦布尔的苏丹自诩为信士的长官,俨然是阿拔斯王朝哈里发的继承人,兼有世俗与宗教的最高权力。保卫伊斯兰世界的疆域、统率穆斯林对基督教世界发动圣战和维护伊斯兰教法的神圣地位,是奥斯曼帝国苏丹的首要职责。奥斯曼帝国鼎盛时期,甚至远在苏门答腊诸岛和伏尔加河流域的穆斯林亦将伊斯坦布尔的苏丹视作伊斯兰世界的保卫者。[②]

---

① Shaw,S.J.& Shaw,E.K.,*History of the Ottoman Empire and Modern Turkey*, Vol.1,pp.131–132.

② Inalcik,H.,*The Ottoman Empire:the Classical Age 1300–1600*,p.57.

欧莱玛泛指伊斯兰教学者,包括领导穆斯林聚礼及宣讲教义的伊马目、审理穆斯林诉讼的卡迪、解释伊斯兰教法和发布宗教法令的穆夫提。欧莱玛掌管宗教、司法和教育,构成独具特色的社会群体。欧莱玛一般不从政府领取俸禄,其主要经济收入来自宗教地产瓦克夫,因此区别于世俗官吏,处于相对自治的地位。宗教地产瓦克夫约占奥斯曼帝国国有土地的三分之一,构成欧莱玛的经济支柱。称作卡迪的宗教法官遍布奥斯曼帝国的各个角落,主持法庭,执行哈奈菲派教法,仲裁诉讼,征集战争物资,募集兵源,保障交通和道路安全,监督市场交易,宣布苏丹的法令。[1]"卡迪在奥斯曼帝国的日常事务管理方面或许扮演最重要的角色。奥斯曼帝国境内的每一个城市、村社和定居点都处于卡迪的司法管辖之下。卡迪管辖区域内的所有人,无论信奉何种宗教,均可向卡迪主持的法庭提出申诉。"[2]伊斯坦布尔的大穆夫提,作为官方欧莱玛的最高宗教首领,地位仅次于大维齐尔。位居伊斯坦布尔的大穆夫提之下的欧莱玛首领,是鲁梅利亚的卡迪和安纳托利亚的卡迪。穆罕默德二世曾经将"伊斯兰的舍赫"的称号授予伊斯坦布尔的大穆夫提,大穆夫提发布的法令"不仅涉及宗教信仰,而且包括战争动员和征收赋税以及生活起居的各个方面"[3]。

奥斯曼帝国尊奉逊尼派伊斯兰教作为官方的意识形态,逊尼派伊斯兰教的哈奈菲派教法构成官方法律制度的基础。沙里亚位于奥斯曼帝国法律体系的顶点,规定穆斯林的个人行为以及穆斯林与非穆斯林的相互关系,直至规定社会秩序和国家制度,具有至高无上的地位和

---

① Inalcik,H.,*The Ottoman Empire:the Classical Age 1300–1600*,p.118

② Imber,C.,*The Ottoman Empire,1300–1650*,p.232.

③ Lewis,G.,*Modern Turkey*,New York 1974,p.32.

不可侵犯的神圣性。沙里亚被视作安拉意志的体现，苏丹只是沙里亚的捍卫者，欧莱玛则是沙里亚的执行者。苏丹颁布的法令称作卡农，构成沙里亚的延伸和补充。突厥人以及其他被征服地区的习惯法称作阿戴特，构成法律体系的最低层次。卡农和阿戴特具有明显的世俗色彩，主要涉及刑事诉讼、租佃关系和税收制度。①

宗教学校是传授沙里亚的载体，包括初等学校和高等学校。附属于清真寺的宗教小学称作麦克台卜。麦克台卜遍布乡村和城市，构成初等学校的基本形式，学习内容包括诵读《古兰经》、伊斯兰教常识和宗教道德。高等学校是伊斯兰教经学院，称作麦德莱赛。麦德莱赛主要讲授阿拉伯语、波斯语、经注学、圣训学、教义学和教法学，培养伊斯兰教的神职人员和宗教法官。宗教学校处于瓦克夫的地位，具有一定程度的独立性。奥斯曼帝国时期，伊斯兰教的宗教教育体制日臻成熟，宗教学校开始出现等级结构。穆罕默德二世于15世纪70年代在伊斯坦布尔建立的8所宗教学校，可谓奥斯曼帝国的最高宗教学府。②

宗教教育的体系化和宗教学者的官方化，是奥斯曼帝国时期的突出现象。与此同时，崇尚苦行和禁欲的苏菲教团逐渐成为民间伊斯兰教的载体，进而与官方伊斯兰教分道扬镳。奥斯曼帝国境内的苏菲派信徒分别隶属于自西亚传入的卡迪里教团、里法伊教团、纳格什班迪教团和安纳托利亚高原形成的麦乌拉维教团、拜克塔什教团，派系繁杂，人数众多，具有广泛的社会影响。拜克塔什教团的信众大都分布在鲁梅利亚即巴尔干乡村，是在巴尔干半岛传播伊斯兰教的主要载体。由于奥斯曼帝国长期在巴尔干地区募集兵源，拜克塔什教团与近卫军

---

① Imber,C.,*The Ottoman Empire,1300—1650*,p.244.

② Imber,C.,*The Ottoman Empire 1300—1650*,p.227.

团逐渐形成密切的联系,充当近卫军团的随军神职人员。麦乌拉维教团的信众主要分布在安纳托利亚的城镇地区,与手工业者及商人阶层联系密切,是奥斯曼帝国政府用于制衡拜克塔什教团的重要宗教势力。[①]

"梅夫莱维派(即麦乌拉维教团)的首脑,是一个极受尊敬的有名人物,有时候他出面主持新苏丹登基时举行的佩剑礼。"[②]

---

① Inalcik,H.,*The Ottoman Empire:the Classical Age 1300–1600*,p.194,p.201.

② 路易斯:《现代土耳其的兴起》,范中廉译,商务印书馆,1982 年,第 428 页。

五、奥斯曼帝国的社会与经济

1

苏丹的臣民至少在理论上严格区分为阿斯卡里和拉伊亚两大阶层。阿斯卡里一词源于阿拉伯语,本意为军人或战士,特指称作加齐的圣战者和称作欧莱玛的穆斯林宗教学者,享有免纳赋税的特权,构成奥斯曼帝国的统治阶层。拉伊亚一词亦源于阿拉伯语,本意为牧人看守的畜群,特指经济活动的从事者,包括商人、手工业者和农民,承担缴纳赋税的义务,构成奥斯曼帝国的依附阶层[①]。拉伊亚按照生活方式区分为定居者与游牧者,按照职业区分为农民、工匠、商人和牧人,按照民族区分为突厥人、阿拉伯人、柏柏尔人、库尔德人、塞加西亚人、斯拉夫人、希腊人、亚美尼亚人、犹太人等,按照宗教区分为穆斯林、基督徒和犹太教徒。奥斯曼帝国规定,不同的社会阶层身着不同的服饰,以便相互区分,其中农民和工匠不得身着华丽的服饰,穆斯林与非穆斯林不得身着相同的服饰,不同的宗教群体居住在城市的不同区域。[②]

根据相关资料的统计,苏莱曼当政期间,奥斯曼帝国由三大区域组成,其中包括希腊、保加利亚、阿尔巴尼亚、塞尔维亚、匈牙利和罗马尼亚在内的欧洲领土约 88 万平方公里,小亚细亚半岛的领土约 76 万平方公里,包括叙利亚、伊拉克、埃及、马格里布和阿拉伯半岛沿海在

---

① Inalcik,H., *An Economic and Social History of the Ottoman Empire*,Vol.I:1300–1600,p.16.

② Lapidus,M.A., *A History of Islamic Societies*,pp.322–323.

内的阿拉伯领土约 75 万平方公里。[1]奥斯曼帝国疆域辽阔,社会构成表现为明显的多元状态,语言、民族、经济活动和生活方式诸多方面差异甚大,不同的宗教信仰则是区分诸多社会群体的基本标志。

奥斯曼帝国的统治者沿袭哈里发时代形成的吉玛人制度,实行所谓的米勒特制度,进而将臣民划分为穆斯林米勒特、希腊人米勒特、亚美尼亚人米勒特和犹太人米勒特四大群体。米勒特一词源于阿拉伯语,本意为宗派和教派。"'米勒特'是一种宗教——政治社群,因其归属之宗教命名。'米勒特'的成员遵守该宗教的规定甚至于该宗教的法律,由自己的领袖主持行政——自然,其限度是不能和国家的法律与利益相冲突。"[2]

穆斯林的米勒特包括奥斯曼帝国境内信奉伊斯兰教而操土耳其语、阿拉伯语、库尔德语、阿尔巴尼亚语以及希腊语和其他巴尔干、高加索地区语言的诸民族。奥斯曼帝国的穆斯林最初主要分布在安纳托利亚地区;1500 年, 安纳托利亚的穆斯林约 80 余万户。[3]16 世纪征服阿拉伯地区的结果是,穆斯林人数剧增,成为奥斯曼帝国最大的米勒特。与此同时,阿拉伯人取代突厥人,成为奥斯曼帝国境内最大的穆斯林民族。

希腊人的米勒特包括信奉东正教的希腊人、塞尔维亚人、保加利亚人、罗马尼亚人以及少量的阿尔巴尼亚人、阿拉伯人和土耳其人。希腊人的米勒特,其最高首领是伊斯坦布尔的东正教教宗;教宗的任命需经苏丹核准,被授予三根马尾的帕夏标志,具有广泛的宗教权力和

---

① Udovitch,A.L.,*The Islamic Middle East 700–1900*, Princeton 1981, p.389.

② 路易斯:《中东:激荡在辉煌的历史中》,郑之书译,中国友谊出版公司,2000 年版,第 426 页。

③ Inalcik,H., *An Economic and Social History of the Ottoman Empire*,Vol.I:1300–1600,p.28.

相应的世俗权力。①

亚美尼亚人的米勒特包括信奉亚美尼亚派基督教的亚美尼亚人以及埃及的科普特派基督徒和叙利亚的雅各派基督徒。亚美尼亚人的米勒特，其宗教首领的驻地最初位于高加索地区的埃希米亚兹因，穆罕默德二世当政期间于1461年迁至伊斯坦布尔。②

犹太人的米勒特包括操西班牙语的犹太人、操阿拉伯语的犹太人和操希腊语的犹太人。巴叶济德当政期间，超过20万犹太人被逐出西班牙，移居奥斯曼帝国境内，分布于伊斯坦布尔、伊兹密尔、埃迪尔内、萨罗尼卡和巴勒斯坦。③16世纪的伊斯坦布尔约有人口70万，其中穆斯林占58%，包括东正教徒和亚美尼亚人在内的基督徒占32%，犹太人占10%。④

奥斯曼帝国统治下的诸多民族尽管划分为不同的米勒特，却呈错综交织的分布状态。在巴尔干半岛，多数居民属于斯拉夫人、希腊人和阿尔巴尼亚人，土耳其人构成少数民族。在安纳托利亚高原，土耳其人占据人口的多数，亦有相当数量的居民属于希腊人、亚美尼亚人和库尔德人。叙利亚、伊拉克、阿拉伯半岛、埃及和马格里布无疑构成传统的阿拉伯世界，而土耳其人则是凌驾于阿拉伯人之上的统治者。"在奥斯曼帝国，没有一个行省的人口操单一的语言。"另一方面，奥斯曼帝国的臣民尽管包括不同的民族，分别属于不同的米勒特，然而土耳其语无疑构成奥斯曼帝国的官方语言。政府官员无论来自哪个民族，均

---

① Karpat,K.H.,*Studies on Ottoman Social and Political History*,Leiden 2002,p.719

② Shaw,S.J.& Shaw,E.K.,*History of the Ottoman Empire and Modern Turkey*,Vol.1,pp.151-152.

③ Ochsenwald,W.,*The Middle East:A History*,p.186.

④ Cleveland,W.L., *A History of the Modern Middle East*,p.48.

须在正式的场合操土耳其语。①

　　米勒特作为宗教群体,并不具有民族的内涵。换言之,每个米勒特包含不同的民族成分,相同的民族却由于信仰的差异而分别属于不同的米勒特。米勒特制度的实质,在于苏丹与诸多宗教群体首领的权力分享,进而构成奥斯曼帝国统治臣民的重要政治基础。向奥斯曼帝国缴纳人丁税,是非穆斯林诸米勒特区别于穆斯林米勒特的主要标志。人丁税通常采用货币的形式缴纳,征纳对象是具有相应经济条件的成年男性自由人,教士、妇女、儿童和赤贫者免纳人丁税。东正教徒、基督徒和犹太人在缴纳人丁税的条件下,享有一定程度的自治权利,处于二等臣民的地位。1477 年,伊斯坦布尔共有居民 16324 户,其中 9486 户属于穆斯林米勒特,3743 户属于希腊人米勒特,1647 户属于犹太人米勒特,434 户属于亚美尼亚人米勒特。②1490—1491 年, 巴尔干地区缴纳人丁税的非穆斯林为 67.4 万户,安纳托利亚缴纳人丁税的非穆斯林3.3 万户。1528 年,奥斯曼帝国征纳的人丁税总额为 4600 万阿克切,占奥斯曼帝国全部岁入的 8%,其中 4230 万阿克切征自鲁梅利亚,370 万阿克切征自安纳托利亚。③

　　不同的米勒特成员生活在城市和乡村的各自区域,分别恪守各自的宗教法律,操各自的传统语言,沿袭各自的生活习俗,隶属于各自的宗教首领,相安无事。穆斯林男子与非穆斯林女子之间的通婚现象随处可见;非穆斯林女子嫁与穆斯林男子后,可保留原有的宗教信仰,但

---

① Imber,C.,*The Ottoman Empire,1300–1650*,pp.2–3.

② Inalcik,H.,*The Ottoman Empire:the Classical Age 1300–1600*,p.141.

③ Inalcik,H., *An Economic and Social History of the Ottoman Empire*,Vol.I:1300–1600,p.26, pp.66–67.

是所生的子女则被视作穆斯林。与中世纪的基督教世界相比，奥斯曼帝国奉行宗教宽容的政策，允许异教信仰的合法存在。然而，由于奥斯曼帝国坚持伊斯兰教统治的传统原则，穆斯林贵族垄断国家权力，非穆斯林不得担任政府官职，不承担兵役，不得分享国家权力。米勒特制度的意义在于，诸多宗教社团俨然是奥斯曼帝国境内的国中之国，诸多宗教的文化传统在奥斯曼帝国长期延续，进而导致奥斯曼帝国社会结构之浓厚的多元色彩，直至成为奥斯曼帝国解体和崩溃的隐患。

2

奥斯曼帝国沿袭哈里发国家的历史传统，援引伊斯兰教的相关原则，实行国家土地所有制。奥斯曼帝国的国家土地所有权，起源于奥斯曼帝国作为征服者的统治权。奥斯曼帝国的国有土地称作米里，特指乡村的耕地，耕作内容局限于粮食作物；城市的土地和乡村的宅地以及牧场和果园系非国有的私人地产，不属于米里的范畴。[①]

伊斯坦布尔的苏丹至少在理论上拥有全国的土地，以提供兵役作为条件将土地赐封给穆斯林贵族，进而在奥斯曼帝国直接控制和执行奥斯曼帝国法律的巴尔干和安纳托利亚诸多地区建立封邑制度。奥斯曼帝国封邑制度的原型，来自拜占廷帝国的普洛尼亚制度和塞尔柱时代的伊克塔制度。[②]封邑制度作为国家土地所有制的逻辑延伸，不仅是奥斯曼帝国军事制度的重要基础，而且构成奥斯曼帝国经济社会制度的突出特征。

---

① Gerber.H.,*The Social Origins of the Modern Middle East*,Boulder 1987,p.11

② Imber,C.,*The Ottoman Empire 1300–1650*,p.195.

奥斯曼帝国的军事封邑不同于中世纪欧洲基督教世界的采邑领地,其前提条件是国家对于土地的绝对控制,而封邑面积的增减与国家土地所有制的兴衰表现为同步的状态。伊斯坦布尔的苏丹明确宣布,所有耕地皆为米里即国有土地,只有称作穆勒克的自由领有地和称作瓦克夫的宗教地产不在其列。1528 年,87%的耕地被纳入米里的范围。封邑包括土地和耕种土地的农民。封邑的耕作者构成国家的佃农,处于政府的保护之下,世代享有土地的耕作权,地租的征纳标准、征纳时间和征纳方式由苏丹确定,封邑的领有者无权更改。①奥斯曼帝国的法律禁止农民弃田出走,封邑的领有者在规定的期限内有权追回逃亡的农民。封邑的领有者并无土地的所有权,只是土地收成的享用者,未经国家允许不得出卖、转让土地或将土地赠与他人。根据伊斯兰教法,封邑的领有者必须保证土地处于耕种的状态;如果土地荒芜超过 3 年,则由国家收回。封邑制度的实质,在于土地受益权的赐封而非土地所有权的赐封。另一方面,奥斯曼帝国的封邑制度沿袭哈里发时代的惯例,土地受益权的非世袭性和封邑的频繁更换构成奥斯曼帝国封邑制度的明显特征。所有封邑至少在法律上由苏丹直接赏赐,并由中央政府登记造册,贵族内部的等级分封则被严格禁止。尽管封邑的领有者试图获得苏丹的允准,将封邑传与子嗣,然而封邑的世袭显然缺乏必要的法律依据,提供必要的兵役无疑是领有封邑的前提条件。1530 年,苏莱曼一世颁布法令,明确禁止行省长官即贝勒贝伊自行分配军事封邑。"从这时起,贝勒贝伊必须为有资格得到封地的人提出申请,帝国政府根据申请书发给授地通知,并将他登记在封地簿册上。"②

---

① Inalcik,H.,*The Ottoman Empire:the Classical Age 1300–1600*,p.110,p.74.

② 布罗克尔曼:《伊斯兰各民族与国家史》,第 345 页。

16 世纪后期开始,苏丹往往在封邑的领有者死后收回封邑,改为包税地,由包税人直接向伊斯坦布尔缴纳赋税,封邑制度随之出现衰落的征兆。进入 17 世纪,封邑数量逐年减少,包税范围不断扩大。以安纳托利亚西部的艾丁桑贾克为例,1573 年的封邑包括提马尔 590 处和齐阿迈特 50 处,1633 年的封邑下降为提马尔 260 处和齐阿迈特 30 处,下降幅度接近 40%;1563 年,70%的提马尔由领有者世袭继承,1610 年,只有 10%的提马尔由领有者世袭继承。[1]另以厄尔祖鲁姆为例,1653 年时共有提马尔 5620 处,1715 年时提马尔数量减少 2120 处,下降幅度为五分之二。[2]

3

奥斯曼帝国属于典型的农本社会,自给自足的农业生产构成奥斯曼帝国经济生活的基础,土地无疑是获取财富的首要来源,小农经济长期占据主导地位。至于游牧的经济活动,主要分布于定居世界边缘的高原、山区和沙漠地带;游牧民大都沿袭传统的血缘组织,处于居无定所的生活状态,追随称作舍赫和贝伊的部族首领,向奥斯曼帝国缴纳赋税,提供兵员和劳役。

奥斯曼帝国实行国家土地所有制。耕种米里的农民作为国家的佃农,缴纳国家规定的租税,享有世袭租佃权,不得改变土地的用途,不得置土地处于荒芜状态超过 3 年,由此形成规模庞大的小农阶层。"在土地上劳动的农民,只要保持耕作和纳税,他就有权一直耕种这块土

---

① Imber,C.,*The Ottoman Empire 1300–1650*,p.211,p.209.

② Karpat,K.H.,*Social Change and Politics in Turkey*,Leiden 1973,p.35.

地……农民可以把这种权利传给儿子,但是在没有得到提马尔领主的特别允许之前不能把它卖掉或赠与别人。"①在理论上,官府征纳农作物产量的 10%—50% 作为土地税。然而,农民除缴纳土地税以外,还承担名目繁多的杂役,所剩无几。②税收在理论上包括货币和实物两种形式,然而各地区由于所处自然环境、地理位置和交通状况不同而存在明显的差异,货币税与实物税的比例不尽相同。③

伊斯兰教法禁止农民弃田,强调土地必须处于耕种状态,旨在保证农业生产和土地收益。官府严格限制农民的迁徙行为;耕作者固着于土地,弃田逃亡者受到领主和官府的相应惩罚。1539 年颁布的一项法令规定:如果农民离开土地而使土地荒芜超过 10 年,需缴纳一定数量的罚金;如果农民离开土地不足 10 年,封邑的主人有权在法官准许的情况下要求遣返农民。④"离开土地并试图在城镇定居的农民被强制遣返。农民只有设法在城市居住超过 10 年并且拥有经常性的工作而无需社会援助时,才能成为合法的城市居民。""假如一个耕作者成为一个有收入的手工艺者,西帕希会强迫他纳税以作为补偿金,这种税称为'中断耕作税'。"⑤另一方面,奥斯曼帝国的农民在诸多方面处于官府的保护之下,境况不同于中世纪西欧的农奴。西帕希通常行使维持乡村秩序的权力,然而教界的卡迪负责乡村的司法审理,形成对于西帕希的监督和制约。

① Shaw,S.J.& Shaw,E.K.,*History of the Ottoman Empire and Modern Turkey*Vol.1,p.126.

② Owen,R.,*The Middle East in the World Economy 1800–1914*,London 1993,p.35.

③ Gerber.H.,*The Social Origins of the Modern Middle East*,Boulder 1987,p.12

④ Imber,C.,*The Ottoman Empire 1300–1650*,p.206.

⑤ Shaw,S.J.& Shaw,E.K.,*History of the Ottoman Empire and Modern Turkey*,Vol.1,p.150,p.126.

4

　　奥斯曼帝国的城市普遍位于定居地区,依托定居农业作为基本的粮食供应地,为农产品提供市场,吸收乡村的剩余产品,同时向乡村提供手工业品,满足乡村市场的需要,进而形成与乡村之间的密切联系。另一方面,奥斯曼帝国的城市大都分布于商路沿线。安纳托利亚的伊斯坦布尔、布尔萨和安卡拉,巴尔干半岛的埃迪尔内,埃及的开罗,叙利亚的大马士革和阿勒颇,伊拉克的巴士拉和巴格达,皆为奥斯曼帝国的贸易枢纽。伊斯坦布尔作为奥斯曼帝国的首都,具有庞大的市场需求和发达的区域性贸易。保证伊斯坦布尔的物资供应,是苏丹政府的重要职责。伊斯坦布尔地处东南欧与亚洲以及地中海与黑海之间,系东西方之间过境贸易的交汇点。欧洲的纺织品和东方的香料构成伊斯坦布尔过境贸易的首要内容,商旅驼队频繁往返于伊斯坦布尔与伊朗、叙利亚、伊拉克、中亚之间。[1]马尔马拉海东侧的布尔萨亦是安纳托利亚的重要商业据点和东西方之间的商品集散地。1340年,乌尔汗在布尔萨建成大型的巴扎。[2]此后,布尔萨的人口迅速增多,1485年约5000户,1530年增至6350户,1580年达到12850户。伊朗的生丝、欧洲的毛纺织品、埃及的糖和印度的香料,是布尔萨市场的主要商品。[3]

　　城市作为奥斯曼帝国的重心所在,具有经济、政治、军事和宗教的多重功能。伊斯坦布尔无疑是奥斯曼帝国最大的城市,然而1453年穆

---

①　Inalcik,H.,*The Ottoman Empire:the Classical Age 1300–1600*,p.146.

②　Ochsenwald,W.,*The Middle East:A History*,p.168.

③　Inalcik,H., *An Economic and Social History of the Ottoman Empire*,Vol.I:1300–1600,p.225.

斯林攻陷之时,人口不足 5 万。苏丹穆罕默德二世当政期间,以归还财产和给予信仰自由作为条件,吸引出逃的希腊人、亚美尼亚人和犹太人重返故里,同时下令从鲁梅利亚和安纳托利亚迁 4000 户家庭移居伊斯坦布尔,迁 3 万户农民移入伊斯坦布尔周围的 35 个无人居住的乡村,以保障伊斯坦布尔的农产品供应。①1453—1481 年,奥斯曼帝国在伊斯坦布尔新建清真寺 209 座,学校 24 所,公共浴室 32 处,客栈和巴扎 12 处。②1477 年,伊斯坦布尔的总人口接近 10 万。16 世纪初,伊斯坦布尔的人口达到 40 万,成为当时欧洲和中东最大的城市。③16 世纪末,伊斯坦布尔的人口增至 80 万,其中 40% 系非穆斯林,主要分布于加拉塔地区。热那亚人曾经是伊斯坦布尔最大的商人群体。随着奥斯曼帝国的广泛征服,希腊人以及犹太人和亚美尼亚人逐渐取代热那亚人的地位。希腊人在包税、大宗贸易批发和航运领域独占鳌头,加拉塔区几乎成为希腊商人的世界。④

清真寺和市场是城市不可或缺的组成部分。伊斯坦布尔的大市场位于索非亚教堂的附近,店铺超过千家,构成伊斯坦布尔的主要商业区。1463—1470 年,穆罕默德二世在伊斯坦布尔建造新的大清真寺,周围环绕着 8 所宗教学校,学生总数超过 600 人,2 处客栈每天接待旅客 160 人,附近的大市场有店铺 320 家。17 世纪中叶,伊斯坦布尔有清真寺 150 处,宗教学校 130 处,客栈 100 处。⑤

---

① Inalcik,H.,*The Ottoman Empire:the Classical Age 1300–1600*,p.140.

② Lapidus,M.A., *A History of Islamic Societies*,p.330.

③ Inalcik,H., *An Economic and Social History of the Ottoman Empire*,Vol.I:1300–1600,p.18.

④ Inalcik,H.,*The Ottoman Empire:the Classical Age 1300–1600*,p.144.

⑤ Inalcik,H.,*The Ottoman Empire:the Classical Age 1300–1600*,pp.143–144.

　　官府将城市划分为各个特定的生活区域，派出官员进行管理，其中最重要的官员是称作卡迪的穆斯林法官，负责向米勒特和行会颁布法令并确保执行。称作"伊赫提萨卜"的市场稽查制度是伊斯兰世界的传统制度，旨在保障公平的交易，被纳入沙里亚的框架之中。市场稽查员称作穆赫台绥卜，作为穆斯林法官的下属和伊赫提萨卜的执行者，履行管理市场的职责，监督产品的质量和交易的过程，规定交易价格和交易内容，征纳交易税。每个城市按照宗教或职业划分为若干社区，每个社区围绕自己的宗教建筑或市场，社区之间相互独立。①

　　在奥斯曼帝国的诸多城市，工匠和商人通常组成行会，其内部体系与中世纪西欧的行会颇为相似。在 17 世纪的伊斯坦布尔，手工业的从业者共计 26 万人，分别属于 1109 个行会；在同时期的开罗，手工业的从业者共计 12 万人，分别属于 262 个行会。②"所有手工匠都有自己的行会，所有手艺人都属于自己的团体，当然农村手工匠例外，他们独自经营。"③手工业行会由从事同一行业的若干手工作坊组成，作坊内部实行严格的等级制，明确规定工匠、帮工与学徒的地位。学徒的期限通常为 1001 天，此间由工匠负责学徒的食宿，不支付报酬。学徒在期满之后，经考核升至帮工，继续在作坊从业 3—5 年，领取报酬，直至成为工匠和独立开设作坊。④然而，工匠开设作坊往往受到行会的严格限制，加之财力匮乏，困难重重。行会首领通常负责以固定的价格购置生产原料，然后分发给行会的各个作坊。行会垄断原料供应，实行统一的

---

①　Inalcik,H.,*The Ottoman Empire:the Classical Age 1300–1600*,pp.153–154.

②　Beinin,J.,*Workers and Peasants in the Modern Middle East*,Cambridge 2001,p.17.

③　马茂德：《伊斯兰教简史》，吴云贵等译，中国社会科学出版社，1981 年，第 401 页。

④　Inalcik,H.,*The Ottoman Empire:the Classical Age 1300–1600*,p.157,p.160.

原料供应价格,规定和限制原料供应的数量,监督生产工艺和产品质量,限制作坊的数量和从业者的人数,排斥内部竞争。在大多数情况下,行会的产品主要销往本地市场,而市场通常处于行会的垄断和控制之下。行会内部存在明显的职业世袭现象,工匠与帮工、学徒之间往往具有家族色彩的宗法关系。

官府在向行会成员征纳捐税的前提下,通常允许行会自行管理内部事务。安纳托利亚的行会表现为明显的自治倾向,行会首领在城市具有广泛的权力和影响。"工匠和手艺人都加入行会,行会则对其成员和产品实行监督,有些地方行会势力很大,足以有效地控制当地的政府。"[1]另一方面,行会通常存在于米勒特的框架之内,具有浓厚的宗教色彩,行使相应的社会职能。"行会执行所有种类的社会职能,经常与宗教团体或米勒特联合……作为其所属的宗教对个人的强制性要求的补充。"[2]在安纳托利亚,穆斯林的行会大都建立在苏菲教团的基础之上,隶属于不同的苏菲教团,处于不同苏菲教团的保护之下,崇拜各自教团的苏菲圣徒,与苏菲教团形成错综复杂的关系,进而构成苏菲教团在城市社会的延伸,具有浓厚的民间色彩。

5

在奥斯曼帝国统治下的中东,最重要的运输方式是陆路的驮运,驮运的规模相当可观。1800 年,苏丹达尔富尔前往开罗的商队由 5000 峰骆驼组成,运载货物超过 1000 吨;特拉比宗与大不里士之间的商队

---

[1] 戴维森:《从瓦解到新生》,第 56 页。

[2] Shaw,S.J.& Shaw,E.K., *History of the Ottoman Empire and Modern Turkey*,Vol.1,p.157.

由 1.5 万峰骆驼组成,每年往返三次,运送的货物超过 2.5 万吨。然而,驮运的特点是速度慢、费用高、危险性大。地中海和黑海沿岸的希腊人以及红海和波斯湾沿岸的阿拉伯人采用海运的方式,多瑙河、尼罗河、底格里斯河和幼发拉底河构成主要的内河运输通道。运往伊斯坦布尔的谷物和运往埃及的木材,主要采用海运的方式。[1]

奥斯曼帝国具有发达的区域性贸易,日常生活用品是区域性贸易的主要内容。伊斯坦布尔人口众多,谷物作为首要的生活物资来自帝国境内的诸多地区。色雷斯、多瑙河盆地、南俄草原、安纳托利亚西部沿海和埃及出产的谷物,经海路和陆路源源不断地运抵伊斯坦布尔。1483 年,驶向伊斯坦布尔的商船多达 4000 余艘。黑海俨然是奥斯曼帝国的内湖,黑海沿岸则是伊斯坦布尔和爱琴海地区的主要农产品供应地。希腊商人长期经营黑海贸易,希腊商船航行于伊斯坦布尔与黑海诸多港口城市之间,贩运谷物、肉、鱼、油、盐、皮革和木材。[2]埃及素有"地中海谷仓"的美誉,所产谷物不仅供应伊斯坦布尔,而且销往叙利亚和希贾兹,同时从安纳托利亚南部输入木材,从叙利亚输入染料、橄榄油和各种干果。[3]

伊斯兰教法明确区分伊斯兰世界与异教的世界,两者之间在理论上只能处于战争的状态,奥斯曼帝国亦起源于加齐的圣战实践。然而,奥斯曼帝国与基督教欧洲的战争并未导致东西方之间商路的中断和贸易的衰落。相反,奥斯曼帝国与基督教欧洲之间的贸易往来呈明显的上升趋势,关税和贸易税的征收构成苏丹政府的重要财源。蒙古西

---

① Yapp,M.E.,*The Making of the Modern Near East 1792–1923*, London 1987,p.25.

② Inalcik,H., *An Economic and Social History of the Ottoman Empire*,Vol.I:1300–1600,p.182.

③ Owen,R.,*The Middle East in the World Economy 1800–1914*,London 1993,p.52.

征期间,阿塞拜疆的大不里士曾经是东西方之间的贸易枢纽。自 14 世纪开始,安纳托利亚成为欧亚大陆的主要贸易通道;布尔萨逐渐取代大不里士,成为安纳托利亚最重要的贸易中心和东方商品销往欧洲的集散地。伊朗的生丝、埃及的糖、印度的香料以及弗兰德尔和佛罗伦萨的毛纺织品,是布尔萨市场的主要商品。13 世纪中叶,意大利的托斯卡尼成为欧洲最早的丝绸生产中心,所产的丝绸销往罗马、布鲁日、伦敦和香槟市场。14 世纪,波伦那、热那亚、佛罗伦萨和威尼斯相继建立丝绸加工业,伊朗北部的里海沿岸则是欧洲主要的生丝来源。伊朗商人将生丝自大不里士经安卡拉运抵布尔萨,继而由热那亚人转运到欧洲。①与此同时, 安纳托利亚成为联结金帐汗国与印度洋世界的贸易纽带,来自南方的香料、糖和各种织物与来自北方的毛皮和奴隶成为南北方之间的贸易内容。②

奥斯曼帝国征服马木路克王朝以后, 控制自埃及经红海水域至印度洋的贸易通道,埃及的开罗和亚历山大、叙利亚的阿勒颇、也门的亚丁以及伊拉克的巴士拉成为奥斯曼帝国在阿拉伯世界的贸易中心。1600 年,阿勒颇是利凡特地区最重要的生丝和丝织品集散地;伊朗和叙利亚的生丝及丝织品运抵阿勒颇,继而由威尼斯商人销往欧洲,年交易量 140 吨,价值 150 万金币。1599—1602 年,阿勒颇的关税年收入达到 30 万金币,而整个叙利亚每年上缴苏丹的全部关税收入为 46 万金币。1605 年,从阿勒颇出口威尼斯的货物价值 150 万金币,出口法国的货物为 80 万金币,出口英国的货物为 30 万金币,出口荷兰的货物为 15 万金币。17 世纪,伊兹密尔成为布尔萨和阿勒颇在东西方贸易领域

---

③ Inalcik,H.,*An Economic and Social History of the Ottoman Empire*,Vol.I:1300–1600,pp.218–219.

④ Inalcik,H.,*The Ottoman Empire:the Classical Age 1300–1600*,p.121.

的竞争对手。每年有 5—6 支亚美尼亚商队贩运伊朗的生丝和丝织品，
经大不里士—埃里温—安卡拉—伊兹密尔的商路销往欧洲。[①]

巴尔干地区与意大利之间长期保持密切的贸易往来，众多商业城
市分布于多瑙河流域和亚德里亚海沿岸，杜布罗夫斯克则是意大利商
人在巴尔干地区最重要的贸易据点。意大利商人主要贩运波斯尼亚和
塞尔维亚的银矿资源，同时向巴尔干地区出口意大利纺织品，换取皮
革、羊毛、乳酪、鱼、蜂蜜和奴隶。[②]

苏丹政府鼓励东西方之间的商业交往，保护帝国境内穆斯林臣民
土耳其人、阿拉伯人、波斯人和非穆斯林臣民希腊人、犹太人、亚美尼
亚人、斯拉夫人的贸易活动。与此同时，苏丹政府以条约的形式保护欧
洲基督教商人在帝国境内的贸易活动。最早获得条约保护的欧洲基督
教商人是意大利的热那亚人。14 世纪中叶，热那亚与威尼斯处于战争
状态，威尼斯与拜占廷以及保加利亚结盟，奥斯曼帝国则与热那亚结
盟，是为苏丹政府赐予热那亚人条约保护的直接原因。14 世纪 80 年
代，穆拉德一世赐予威尼斯商人享有条约保护的贸易地位。15 世纪中
叶，奥斯曼帝国与威尼斯激烈争夺巴尔干沿海地区和爱琴海岛屿，穆
罕默德一世遂赐予威尼斯的对手佛罗伦萨商人享有条约保护的贸易
地位。巴叶济德二世当政期间，奥斯曼帝国与威尼斯依然处于战争状
态，苏丹遂于 1498 年赐予那不勒斯商人享有条约保护的贸易地位。
1536 年，苏丹政府赐予哈布斯堡家族的对手法国商人享有条约保护的
贸易地位。[③]1580 年，英国获得条约保护的地位。1612 年，荷兰获得条

① Inalcik,H.,*An Economic and Social History of the Ottoman Empire*,Vol.I:1300–1600,pp.244–245.

② Inalcik,H.,*An Economic and Social History of the Ottoman Empire*,Vol.I:1300–1600,pp.256–257.

③ Gelvin,J.L.,*The Modern Middle East:A History*,Oxford 2005,p.60.

约保护的地位。进入 17 世纪,法国逐渐取代威尼斯,控制利凡特地区的过境贸易。[①]至于奥地利商人,由于哈布斯堡家族与苏丹政府处于战争状态,其在帝国境内的贸易活动不受条约的保护。

所谓的条约,实际上是苏丹政府颁布的特许状,赐予帝国境内的欧洲基督教商人享有米勒特的自治地位,苏丹赐封的领事作为米勒特的最高首领行使贸易监督权和司法权。在条约的保护下,欧洲基督教商人获准在奥斯曼帝国境内自由旅行。欧洲基督教商人的米勒特,主要分布于伊斯坦布尔、伊兹密尔、贝鲁特、阿勒颇、开罗。法国商人和意大利商人居多,其次是英国商人和荷兰商人。[②]

---

① Inalcik,H., *An Economic and Social History of the Ottoman Empire*,Vol.I:1300–1600,p.194.

② Inalcik,H., *An Economic and Social History of the Ottoman Empire*,Vol.I:1300–1600,p.191.

第二章

奥斯曼帝国黄金时代的结束

苏丹权力的式微

包税制的兴起

商路转移与价格革命

对外战争的败绩

一、苏丹权力的式微

　　奥斯曼帝国鼎盛时期,苏丹凌驾于社会之上,行使至高无上的绝对权力。16 世纪的意大利政治思想家马基雅维里曾经对当时奥斯曼帝国苏丹与法国国王的权势做出如下比较:"就土耳其人来说,整个王国全在一位主公的控制之下,其他人都是他的藩属;他把全国分成若干州或政府,并把其中一些人派往那里;另外的人,他愿意杀就杀,愿意撤换就撤换。但是,法兰西国王只是席坐一堂的众多主公中的一位主公,他们这些人都是老早就被他们的臣民承认如是了的,受他们的臣民的爱戴,有说不尽的显赫重要;国王要想把他们的国家从他们的手里拿走,那便要冒着老大的危险。"[1]

---

[1]　路易斯:《现代土耳其的兴起》,第 468 页。

然而,自 1566 年苏莱曼死后,苏丹的统治权力日渐式微,奥斯曼帝国的宫廷政治日趋腐败,后宫参政,苏丹更替频繁,内部冲突迭起,政局动荡。与此同时,伊斯坦布尔的中玛往往各行其是,成为挑战苏丹统治地位的隐患。在安纳托利亚,奥斯曼帝国中央政府的实际控制范围局限于马尔马拉海沿岸、布尔萨、埃斯基萨希尔和卡拉曼一带;安纳托利亚西部的其他地区,包括安卡拉、特拉比宗、艾丁、安塔利亚和阿达纳,分别隶属于六大封建家族。在鲁美利亚,多瑙河的保加利亚沿岸、埃迪尔内、阿尔巴尼亚分别隶属于四大封建家族。巴格达的马木路克首领苏莱曼帕夏统治着两河流域。[①]"在奥斯曼帝国的大部分地区,苏丹的统治权力是微弱的;在北非和阿拉伯半岛,苏丹的统治权力实际上是不存在的。"[②]1786 年,出使伊斯坦布尔的法国人舒瓦瑟尔·古菲曾经在信中说:"这里不像在法兰西那样,皇帝可以独自做主。在土耳其,恰恰相反,若是想要做点什么事的话,便必须设法去说服那些事事都得由他们来评断道理的欧莱玛,去说服不论过去的或是现在的国家掌权者。"1803 年,来自印度的穆斯林旅行家米尔扎·阿布·塔利布汗写道:"他们的皇帝无权随便杀人,也不得凭着一时的高兴或是感情用事随便赦免罪人。在所有重大事务上,皇帝都有义务要同朝中权贵进行商量,而这些权贵们,由于希望得到提升,或是由于害怕惩罚,一个个全都变得服服帖帖的。"[③]

---

① Palmer,A.,*The Decline and Fall of the Ottoman Empire*,London 1993,pp.49–50.

② Zurcher,E.J.,Turkey,*A Modern History*,London 1993,p.11.

③ 路易斯:《现代土耳其的兴起》,第 468 页,第 469 页。

二、包税制的兴起

自 17 世纪开始,在与欧洲基督教诸国的战事中,传统封邑制骑兵的战斗力明显下降,装备新式火器的雇佣制步兵即近卫军团取代传统骑兵而成为奥斯曼帝国军事力量的核心成分。伴随着军事技术的变革,货币的支付取代土地的赐封成为维持军队的基本形式,封邑制出现衰落的趋势,封邑领有者的人数逐年减少。据相关资料统计,奥斯曼帝国的封邑领有者,1475 年为 6.3 万人,1610 年下降为 4.5 万人,1630 年已不足 1 万人。[1]"为了迅速而便利地取得现金的回转,苏丹没有直接去管理这类土地的赋税,而是采取按照不同的租约和转让方式,把赋税放给别人的办法。"[2]于是,包税制逐渐取代封邑制,成为奥斯曼帝国开辟财源和聚敛财富进而保证军饷支出的有效手段。包税者大都出自商人阶层,构成联结中央政府与乡村民众的重要纽带。最初,包税者仅仅充当非官方的征税人,征税期限通常为 3 年,征税标准由中央政府规定。[3]久而久之,包税权逐渐世代相袭,包税者权力范围扩大,控制乡村民众,形成广泛的经济、社会和政治影响,进而构成否定国家土地所有制直至挑战苏丹和帝国政府的潜在隐患。

封邑制的衰落明显削弱苏丹政府对于行省和桑贾克的直接控制,助长奥斯曼帝国地方势力的离心倾向。另一方面,包税制的推行切断了国家与农民之间的联系,农民失去政府提供的保护,逐渐依附于包

---

[1]　Karpat,K.H.,*Social Change and Politics in Turkey*,p.35.

[2]　路易斯:《现代土耳其的兴起》,第 471 页。

[3]　Ochsenwald,W.,*The Middle East:A History*,p.238.

税人;与此同时,包税人不断扩大其对于土地的支配权和控制权,进而演变为大地产主和乡村的统治者。"在理论上,他们只是作为租约人和租税包收人而占有地产的,但是,日益变得软弱的政府失去对各省的控制权,这些新土地所有者因而能够增多他们占有的土地,并且增强了这种占有的可靠性。在 17、18 世纪,他们甚至开始篡夺政府的一些职权。"①

---

① 路易斯:《现代土耳其的兴起》,第 471 页。

三、商路转移与价格革命

　　尽管奥斯曼帝国的崛起并非导致新航路开辟的主要原因,1453 年君士坦丁堡陷落导致新航路开辟的观点具有夸大和虚构的成分,然而新航路的开辟对于奥斯曼帝国无疑产生深刻的影响。

　　奥斯曼帝国横跨亚非欧大陆的中央地带,扼守东西方之间传统贸易的十字路口。中国、印度、波斯与基督教欧洲之间的陆路贸易,以及红海、黑海和地中海东部的海上贸易,无不处于奥斯曼帝国的控制之下。伊斯坦布尔、布尔萨、杜布罗夫斯克、阿勒颇和亚历山大,构成奥斯曼帝国贸易网络的重要枢纽。幅员辽阔的奥斯曼帝国具有巨大的市场需求,东西方之间的过境贸易尤其构成奥斯曼帝国的重要财源。奥斯曼帝国控制陆路贸易,长期采用商旅驼队的贩运方式。欧洲基督教诸国控制海路贸易,主要采用商船贩运货物。新航路的开辟引起世界范围内商路的转移,大西洋成为东西方之间的主要贸易通道。自大西洋经好望角至印度洋的新兴海上贸易,开始挑战奥斯曼帝国控制的传统陆路贸易。尽管如此,基督教欧洲商人经营的海上贸易并未完全取代途经奥斯曼帝国的陆路贸易。"1630 年后,欧洲消费的香料和胡椒肯定已改经大西洋运输,但是丝绸,不久以后的咖啡和药材,再往后的棉花以及印花布或单色布,仍由近东运往欧洲。"[①]

　　奥斯曼帝国长期实行银本位的货币制度,银币构成奥斯曼帝国的

---

　　① 布罗代尔,《15—18 世纪的物质文明、经济和资本主义》,第三卷,施康强、顾良译,三联书店,1993 年,第 540 页。

基本货币形式。新航路开辟后，美洲的贵金属，特别是廉价的白银，经欧洲大量流入中东，导致奥斯曼帝国的所谓价格革命。奥斯曼帝国自16世纪末开始出现明显的货币贬值。金币与银币的兑换比例，1580年是1:60，1590年为1:120，1640年为1:250。货币贬值导致奥斯曼帝国政府岁入锐减，从1534年的500万金币下降为1591年的250万金币。与此同时，小麦的价格在16世纪上涨20倍。[1]尽管如此，不应过分强调价格革命与奥斯曼帝国衰落之间的必然联系，不应将奥斯曼帝国的衰落简单归结为价格革命的结果。所谓的价格革命缘起于新航路的开辟，价格革命首先影响西欧诸国，继而波及到奥斯曼帝国境内，后者所受影响的程度远不及前者，价格革命在西欧诸国和奥斯曼帝国所导致的后果亦迥然不同，进而形成西欧诸国与奥斯曼帝国之间日趋明显的历史落差。

① Ochsenwald,W.,*The Middle East:A History*,p.238.

四、对外战争的败绩

伊斯兰教的传统理论强调社会成员的信仰差异,明确区分穆斯林统治的伊斯兰领土与异教徒统治的战争区域,进而将征服异教徒统治的战争区域视作伊斯兰国家的终极目标。奥斯曼土耳其人兴起于伊斯兰世界与基督教世界接壤的边疆地带,奥斯曼帝国赖以存在的历史基础在于穆斯林对基督徒发动的圣战和伊斯兰世界的领土扩张,而奥斯曼帝国的衰落直接表现为对外战争的失利与领土的丧失。

17 世纪中叶,奥斯曼帝国在东南欧领有的疆域超过法国和西班牙面积的总和,奥斯曼帝国的军队驻扎在波兰南部的布格河、俄罗斯南部的顿河和第涅伯河沿岸;奥斯曼帝国在亚洲领有的疆域,西起红海,东至扎格罗斯山,北起高加索山区,南至波斯湾;在非洲,埃及和马格里布的穆斯林祝福着伊斯坦布尔的苏丹;在东地中海水域,罗德岛、克里特岛和塞浦路斯的基督徒向奥斯曼帝国称臣纳贡。

17 世纪后期, 奥斯曼帝国在与欧洲基督教诸国的战争中屡遭败绩。1683 年,奥斯曼帝国军队兵败维也纳城下,匈牙利和贝尔格莱德脱离奥斯曼帝国。与此同时,威尼斯人夺取希腊诸地,俄国军队攻占黑海北岸的亚速。1699 年,奥斯曼帝国苏丹被迫签订卡洛维兹和约,承认波兰对于乌克兰南部的统治权、奥地利对于特兰西瓦尼亚和匈牙利的统治权、威尼斯对于希腊南部的统治权、俄罗斯对于德涅斯特河以北地区的统治权。[①]卡洛维兹和约的签署,标志着奥斯曼帝国与基督教欧洲

---

① Palmer,A.,*The Decline and Fall of the Ottoman Empire*, p.16,p.13,p.25.

之间的关系开始出现明显的变化,奥斯曼帝国对于基督教欧洲的军事态势由主动性的战略进攻转变为被动性的战略防御。

17世纪,奥斯曼帝国在基督教欧洲的主要战争对象是奥地利的哈布斯堡王朝。进入18世纪,哈布斯堡王朝与普鲁士激烈角逐中欧的霸权,奥斯曼帝国与俄国的战争逐渐取代与哈布斯堡王朝的战争,巴尔干半岛、黑海北岸和南高加索地区的领土成为奥斯曼帝国与俄国之间的主要争夺目标。

1711年,彼得大帝率领的俄军进攻奥斯曼帝国,俄军败绩。1768—1773年,奥斯曼帝国与俄国再次爆发战争,奥斯曼帝国军队败绩,俄军占领布加勒斯特,控制摩尔达维亚和瓦拉几亚,攻入南高加索地区,俄罗斯舰队进入爱琴海水域。1774年,奥斯曼帝国苏丹被迫与沙皇俄国签订库楚克·开纳吉和约,奥斯曼帝国丧失克里米亚和黑海北岸穆斯林汗国的宗主权,支付750万阿克切的战争赔款,俄国获得多瑙河以及黑海、达达尼尔海峡和博斯普鲁斯海峡的航运权,同时俄国政府获准向伊斯坦布尔派驻公使,奥斯曼帝国境内的东正教徒处于俄国政府的保护之下。[①]对外战争的屡屡失利和疆域的接连丧失,标志着奥斯曼帝国的衰落。

法国是奥斯曼帝国的传统欧洲盟国。自16世纪起,奥斯曼帝国与法国建立密切的外交联系,旨在共同反对称霸中欧的哈布斯堡王朝。进入18世纪,普鲁士的兴起导致欧洲政治格局的深刻变化,法国与哈布斯堡王朝以及奥斯曼帝国的关系随之发生变化。1798年,拿破仑率领法军从土伦出发,在亚历山大登陆,继而占领开罗。1799年,奥斯曼帝国与英国、俄国建立反法联盟。1801年,驻守埃及的法军向英军投

---

① Palmer,A.,*The Decline and Fall of the Ottoman Empire*,,p.45.

降。①此后，英国成为影响奥斯曼帝国的主要外部势力。奥斯曼帝国统治下的中东，地处英国本土与英属印度之间的重要战略位置。控制英国本土与英属印度之间的贸易通道，以及扩大英国工业品在中东的市场，构成促使英国插足奥斯曼帝国的主要原因。

---

① Yapp,M.E.,*The Making of the Modern Near East 1792–1923*,p.51.

第三章

自上而下的新政举措与宪政运动

塞里姆三世与马哈茂德二世的新政举措

花厅御诏与坦泽马特时代的改革

宪政运动

一、塞里姆三世与马哈茂德二世的新政举措

1

奥斯曼帝国的衰落与近代欧洲的崛起两者之间具有内在的逻辑联系。自新航路开辟以来,特别是自工业革命开始,基督教欧洲诸国的现代化进程逐渐启动。相比之下,奥斯曼帝国恪守传统秩序,长期处于相对停滞的状态。由此形成的历史落差,改变着基督教欧洲与奥斯曼帝国之间的力量对比。奥斯曼帝国面临近代欧洲崛起的巨大压力,来自基督教世界的战争威胁促使伊斯坦布尔的苏丹开始推行自上而下的新政举措。

1789 年,正值法国革命爆发之际,塞里姆三世(1789—1807 年在位)继任奥斯曼帝国苏丹。塞里姆三世即位后,颁布诏书,实行新政,名为尼扎姆·贾迪德,旨在扩大苏丹的权力,强化中央集权的政治秩序,

克服离心倾向,重建奥斯曼帝国的强盛与辉煌。①

塞里姆三世的新政举措,主要是仿照法国模式组建新军,裁减称作耶尼切里的近卫军团以及称作西帕希的封邑制骑兵。组建新军的直接原因,是奥斯曼帝国与俄国之间的战争需要。塞里姆三世推行新政举措之前,奥斯曼帝国的近卫军团约 15 万人,其中 5 万人驻扎伊斯坦布尔。②1792 年,塞里姆首先组建 600 人的新军,身着欧洲军服,采用西方战术,聘请法国军官训练。1807 年,新军人数达到 3 万人。③塞里姆三世组建的新军实行薪俸制,装备精良,分别驻扎于伊斯坦布尔和安纳托利亚。

与此同时,塞里姆三世重组御前会议,调整御前会议成员的职责,削减大维齐尔的权力,缩短行省长官的任期,缩小包税范围,设立直接征收赋税的专门机构,扩大财源,筹集军费,创办新式医院和军事学校。④1793 年,塞里姆三世从包税商手中收回约 400 处封邑,实行直接征税。此后,越来越多的封邑处于苏丹的直接控制之下。⑤

塞里姆三世的新政举措,损害了传统的军事贵族、近卫军团、欧莱玛阶层和包税商的既得利益,遭到保守势力的激烈反对。1807 年 5 月,伊斯坦布尔的近卫军团发动兵变,解散新军,罢免塞里姆三世,拥立穆斯塔法四世(1807—1808 年在位)出任苏丹,新政随之夭折。⑥

---

① Palmer,A.,*The Decline and Fall of the Ottoman Empire*,p.54.

② Yapp,M.E.,*The Making of the Modern Near East 1792–1923*,p.101.

③ Zurcher,E.J.,*Turkey:A Modern History*,p.24.

④ Yapp,M.E.,*The Making of the Modern Near East 1792–1923*,p.100.

⑤ Owen,R.,*The Middle East in the World Economy 1800–1914*,p.59.

⑥ Palmer,A.,*The Decline and Fall of the Ottoman Empire*,p.71.

2

1808 年 7 月，多瑙河地区的奥斯曼贵族巴拉克塔尔·穆斯塔法帕夏入主伊斯坦布尔，废黜苏丹穆斯塔法四世，拥立新政的重要参与者马哈茂德二世继任苏丹（1808—1839 年在位）。

马哈茂德二世当政期间，恢复塞里姆三世时期颁布的新政法令，延续塞里姆三世制定的新政举措，扩大改革的领域。塞里姆三世的新政举措，主要局限于军事层面。相比之下，马哈茂德二世的新政举措，涉及奥斯曼帝国统治制度的诸多领域，包括军队的欧式化、土地制度的非封邑化、政府机构的官僚化和政治生活的世俗化，其中新军的重建构成新政的核心内容。

马哈茂德二世首先致力于重建新军，配备新式枪支和火炮，聘用普鲁士军官，采用普鲁士的训练模式。1826 年 5 月，马哈茂德二世与伊斯坦布尔的近卫军团发生冲突，苏丹出动新军镇压近卫军团的反叛，进而解散近卫军团。[1]1827 年，新军人数达到 2.7 万人，分为 31 个团，其中 10 个团驻守伊斯坦布尔，21 个团驻守行省；每团包括 3 个营，每营包括 8 个连。马哈茂德二世当政后期，新式步兵达到 6.5 万人。[2]

1831 年，苏丹宣布将提马尔收归国有，废除封邑制，全面改革税制，旨在扩大财源，为重建新军提供必要的经济支持。[3]与此同时，马哈

---

[1]　Palmer,A.,*The Decline and Fall of the Ottoman Empire*,pp.73–74,p.92.

[2]　Shaw,S.J.& Shaw,E.K.,*History of the Ottoman Empire and Modern Turkey*,Vol.2:*Reform, Revolution and Republic:The Rise of Modern Turkey 1808–1975*,Cambridge 2002,p.24,p.43.

[3]　Ochsenwald,W.,*The Middle East:A History*,p.275.

茂德二世改革奥斯曼帝国传统的官僚机构,设立新的国务会议,下辖陆军部、内务部、外交部、财政部、司法部和瓦克夫事务部,大维齐尔改称首相,起用新官吏,身着欧洲官服,实行薪俸制,旨在强化苏丹的统治,削弱贵族的离心倾向。[1]

此外,马哈茂德二世改革传统的教育体制,派遣留学生赴西欧诸国学习军事技术,创办包括陆军学校、海军学校和军事医学院在内的新式学校,聘用欧洲教官,采用欧洲教学模式,使用欧洲语言授课,旨在培养新军将领及政府官吏,是为奥斯曼帝国世俗教育的原型。[2]

苏菲派拜克塔什教团长期以来与近卫军团保持密切关系,制约苏丹的权力,构成奥斯曼帝国政治舞台上举足轻重的社会势力。马哈茂德二世解散近卫军团之后,平息拜克塔什教团发动的叛乱,进而取缔拜克塔什教团,没收拜克塔什教团的财产。[3]1826 年,马哈茂德二世任命伊斯坦布尔的大穆夫提作为欧莱玛的最高宗教首领,同时规定瓦克夫事务部掌管欧莱玛控制的宗教地产,剥夺欧莱玛的经济自主权,由国家向欧莱玛发放俸禄,宣布教育部和司法部分别掌管学校教育和司法审理,将欧莱玛纳入苏丹控制的国家体系,进而开辟奥斯曼帝国世俗化进程的先河。[4]

---

[1] Shaw,S.J.& Shaw,E.K.,*History of the Ottoman Empire and Modern Turkey*,Vol.2,pp.36–37.

[2] Zurcher,E.J.,*Turkey:A Modern History*,p.46.

[3] Shaw,S.J.& Shaw,E.K.,*History of the Ottoman Empire and Modern Turkey*,Vol.2,p.20.

[4] Zurcher,E.J.,*Turkey:A Modern History*,p.42.

二、花厅御诏与坦泽马特时代的改革

1

阿卜杜勒·马吉德(1839—1861 年在位)即位之际,正值穆罕默德·阿里在埃及的势力日渐强大,开罗与伊斯坦布尔之间矛盾加剧,奥斯曼帝国急需得到欧洲列强的支持,遏制穆罕默德·阿里的领土扩张。

1839 年 11 月,大维齐尔穆斯塔法·雷什德帕夏以苏丹的名义颁布敕令,史称花厅御诏。花厅御诏的内容包括:一、保障苏丹臣民的生命、荣誉和财产;二、废除包税制,实行直接征税制;三、采用征兵制,明确限定服役期限;四、打破宗教界限,强调权利分配的世俗原则,即帝国臣民无论信仰何种宗教,皆享有同等的法律地位。[①]

奥斯曼帝国颁布的花厅御诏,无疑包含自由平等的法律原则和世俗化的政治倾向。自由平等的法律原则,来源于西方近代的宪政思想。奥斯曼帝国内部诸多民族和宗教群体日趋高涨的反抗运动,构成法律地位之平等思想的社会基础。花厅御诏颁布的目的,在于缓解奥斯曼帝国境内的社会矛盾,争取西方列强的支持,进而遏制穆罕默德·阿里的离心倾向。西方列强要求改善基督徒的地位和对基督徒提供保护所形成的压力,亦是促使奥斯曼帝国颁布花厅御诏的重要原因。

1839 年花厅御诏的颁布,标志着奥斯曼帝国进入坦泽马特时代(1839—1876 年)。"坦泽马特"是土耳其语改革一词的音译。坦泽马特时代沿袭和发展塞里姆三世和马哈茂德二世的新政举措,强化奥斯

---

① Khater,A.F.,*Sources in the History of the Modern Middle East*,Boston 2004,pp.12-13.

曼帝国的中央集权构成坦泽马特时代的历史主题，大维齐尔穆斯塔法·雷什德帕夏以及福阿德帕夏和阿里帕夏主持的最高波尔特成为奥斯曼帝国的核心政治机构。①

2

阿卜杜勒·马吉德即位后，扩充新军，打破宗教界限征募士兵，组建5个军团，军队将领由中央任命，隶属伊斯坦布尔的苏丹，不再从属于地方行政长官，哥萨克人、鞑靼人、土库曼人和库尔德人构成辅助性的军事力量。新军配备普鲁士制造的枪支和火炮，由普鲁士军官训练。1869年，重组新军，第一军驻扎伊斯坦布尔，第二军驻扎多瑙河流域的萨姆拉，第三军驻扎蒙纳斯迪尔，第四军驻扎厄尔祖鲁姆，第五军驻扎大马士革，第六军驻扎巴格达，第七军驻扎也门；每军26500人，包括6个步兵团、4个骑兵团和2个炮兵团。②

阿卜杜勒·马吉德按照欧洲国家的政府模式改组奥斯曼帝国的政府机构，在国务会议之外增设司法会议，实现行政与司法的权力分割。③与此同时，阿卜杜勒·马吉德规定成立地方议会，议会成员包括地方官员、欧莱玛以及选举产生的穆斯林和非穆斯林的民众代表，隶属各级行政长官，负责商讨诸如道路和桥梁的建设、税收、农业生产、商业贸易以及民众的诉求。1864年，奥斯曼帝国援引法国的行政区划颁布法令，将全国划分为27个行省（维拉耶特），下辖州（利沃或桑贾克）、县

---

① Zurcher,E.J.,*Turkey:A Modern History*,p.60.

② Shaw,S.J.& Shaw,E.K.,*History of the Ottoman Empire and Modern Turkey*,Vol.2,pp.85–86.

③ Zurcher,E.J.,*Turkey:A Modern History*,p.61.

(卡扎)和乡(纳希耶),行省总督由苏丹任命。[①]

　　传统的伊斯兰教理论,坚持沙里亚的神圣地位,否认世俗的立法权,同时强调穆斯林与非穆斯林之间的信仰差异和法律界限。坦泽马特时代,奥斯曼帝国在沿袭传统法律框架的同时,开始尝试世俗的立法实践,引进世俗法律,进而形成伊斯兰教法与世俗法律并存的二元体系,穆斯林与非穆斯林之间的法律界限和法律地位的差异逐渐淡化。根据伊斯兰教法,叛教者应处以死刑;1844年,该项法律被苏丹废除。1855年,奥斯曼帝国宣布废除征收于非穆斯林的人丁税,代之以数量相同的代役税。奥斯曼帝国于1850年从法国引入商法,1863年制定海上贸易法,进而启动世俗立法的先河。1867年,奥斯曼帝国颁布法律,允许外国人在帝国境内购置土地。1869年,奥斯曼帝国建立世俗性质的混合法庭,负责审理涉及非穆斯林的法律诉讼。[②]坦泽马特时代,奥斯曼帝国的法庭除沙里亚法庭依旧由卡迪主持之外,刑事法庭、商业法庭和上诉法庭均由穆斯林法官和非穆斯林法官共同主持,具有明显的世俗色彩。[③]世俗法律的制定和世俗法庭的创建,开始打破欧莱玛在司法领域的垄断地位,构成坦泽马特时代世俗化改革的重要内容。与此同时,非穆斯林即吉玛人内部亦经历世俗化的过程,世俗法律逐渐取代宗教法律,基督教和犹太教的教士阶层地位随之下降,米勒特制度趋于瓦解。[④]

　　坦泽马特时代,教育领域出现明显的世俗化倾向。奥斯曼帝国于

---

① Shaw,S.J.& Shaw,E.K.,*History of the Ottoman Empire and Modern Turkey*,Vol.2,pp.84–85.

② Zurcher,E.J.,*Turkey:A Modern History*,p.64.

③ Shaw,S.J.& Shaw,E.K.,*History of the Ottoman Empire and Modern Turkey*,Vol.2,p.89.

④ Zurcher,E.J.,*Turkey:A Modern History*,p.64.

1846 年创办公共教育会议,1847 年改称公共学校部,1866 年成立公共教育部。1869 年,奥斯曼帝国颁布公共教育法,宣布 12 岁以下的儿童实行强制性教育,采用现代教育方式,规定在帝国境内的乡村和城市普遍设立不同层次的世俗学校,其中 500 人以上的村庄设立称作鲁斯迪耶的四年制初级学校,千人以上的市镇设立称作伊达迪的三年制中等学校,省城设立称作苏塔尼耶的高等学校,同时创办女子学校,面向穆斯林和非穆斯林招收学生,教育经费纳入政府预算。初级学校开设宗教、语言、算术、历史、地理等课程,中等学校开设逻辑、经济、地理、历史、数学、工程、物理、化学、绘图等课程,高等学校开设人文科学、外语、经济、国际法、自然科学、工程技术。奥斯曼帝国的第一所高等学校成立于伊斯坦布尔的加拉塔区,采用法语和法国教学方式。此外,美国、奥地利、法国、英国、德国和意大利在奥斯曼帝国境内相继创办教会学校,其中多数为初级学校,亦有少量中等学校,采用西方教学模式,学生主要来自非穆斯林的米勒特。克里米亚战争期间,奥斯曼帝国仅有世俗小学 60 所,学生 3370 人,均为男生。1867 年,世俗小学增至 1.1 万所,男性学生 24 万,女性学生 13 万。1895 年,世俗初级学校达到 2.9 万所,男性学生 64 万,女性学生 25 万。另据相关统计,1895 年,世俗中等学校的学生为 3.5 万,世俗高等学校的学生为 0.5 万,军事学校的学生为 1.7 万。1895 年,奥斯曼帝国总人口 1900 万,包括穆斯林 1400 万和非穆斯林 500 万,各类学校的学生总数为 130 万,其中世俗学校的学生人数约 90 万。[1]世俗教育的发展,形成对于宗教教育的挑战,国家权力随之在教育领域逐渐延伸。

---

① Shaw,S.J.& Shaw,E.K.,*History of the Ottoman Empire and Modern Turkey*,Vol.2,p.108,pp. 112–113.

3

坦泽马特时代的新政,主要局限于上层建筑领域,触及封建社会经济基础的改革举措尚不明确。

1839年颁布的花厅御诏强调推行税制改革,废除包税制,统一税收标准,缩小免税范围。然而,税制改革进展缓慢,政府岁入并无明显的增加,农民亦未摆脱税吏的盘剥。[①]奥斯曼帝国政府尽管鼓励投资工业,兴办新式工厂,然而步履维艰,成效甚微。1857年,奥斯曼帝国颁布移民法,向来自境外的移民分配国有土地,其中定居鲁梅利亚的移民6年免纳土地税,定居安纳托利亚的移民12年免纳土地税,领有土地的移民20年内不得出售土地或离开土地,必须保证土地处于耕作的状态,成为苏丹的农民。[②]

1858年,苏丹颁布农业法,明确土地所有权,将所有土地划分为五种类型,即称作米里的国有土地、称作穆勒克的私人地产、称作瓦克夫的宗教地产、称作米特鲁卡的公共土地和称作麦乌特的荒地,将原有的各种土地税合并为收成百分之十的什一税,扩大租种国有土地的农民的经营自主权,直至赋予农民对于所租种土地的交易权,旨在鼓励农业生产。[③]农业法的实施,加速了土地所有制的非国有化进程。然而,由于技术落后,工具简陋,加之局势动荡,战乱频繁,奥斯曼帝国的农业生产长期处于停滞不前的状态。

---

① Shaw,S.J.& Shaw,E.K.,*History of the Ottoman Empire and Modern Turkey*,Vol.2,p.96.

② Shaw,S.J.& Shaw,E.K.,*History of the Ottoman Empire and Modern Turkey*,Vol.2,p.115.

③ Gerber.H.,*The Social Origins of the Modern Middle East*,p.67.

三、宪政运动

1

青年奥斯曼党形成于坦泽马特时代后期相对宽松的政治环境,是奥斯曼帝国历史上最早出现的现代意义的政治组织,其社会基础来自具有世俗教育背景和现代自由理念的知识分子和政治精英。青年奥斯曼党具有泛奥斯曼主义的思想倾向,指责花厅御诏和坦泽马特时代的世俗化改革屈从西方列强的压力、背离伊斯兰教的信仰和出卖奥斯曼帝国的主权,进而试图突破坦泽马特时代的政治框架,倡导宪政主义、民族主义和爱国主义,强调伊斯兰教的意识形态与西方现代文明之间的包容性,强调伊斯兰国家理论与西方自由主义的结合,主张通过君主立宪实现苏丹制与民众政治参与的结合,通过宪法的方式限制官僚机构的权力和保护民众的利益,将选举产生的议会作为实施宪法和实现不同米勒特之政治联合的必要载体,呼吁保卫奥斯曼帝国的领土、维护奥斯曼帝国的统一和重振奥斯曼帝国的辉煌。[①]

纳米克·凯末尔 1840 年出生于奥斯曼帝国的贵族家庭,曾经担任报刊撰稿人,后来由于与政府不睦而一度流亡欧洲,深受法国启蒙运动时期思想家孟德斯鸠和卢梭的影响。纳米克·凯末尔作为青年奥斯曼党的代表人物,持自由主义和爱国主义的政治立场,反对坦泽马特时代的苏丹热衷于模仿西方体制而无视奥斯曼帝国传统和伊斯兰教信仰的新政举措,强调现代西方的自由民主与早期伊斯兰教的政治理

---

① Atasoy,Y.,Turkey,*Islamists and Democracy*,London 2005,p.25.

念具有一致性，倡导回归伊斯兰教的政治原则和民众主权的政治理念，主张制定宪法和实行选举，建立代议制政府，保障公民权益。①纳米克·凯末尔声称："人民的主权，意味着政府的权力来自人民……它是由每个个人天然具有的独立性中必然会产生出来的一种权利"，"每个人都是他自己那个世界的皇帝"②，"我们唯一真正的宪法是伊斯兰法典……奥斯曼帝国是建立在宗教原则之上的，如果违背了这些原则，国家的政治生存将处于危险之中"③。

1865 年，纳米克·凯末尔等人建立秘密政治组织爱国者联盟，亦称青年奥斯曼党。④1865 年以后，纳米克·凯末尔与来自埃及的奥斯曼王室成员穆斯塔法·法吉勒等人在伦敦、巴黎和日内瓦从事政治活动，创办报刊，发表时局评论，阐述青年奥斯曼党的思想纲领，反对奥斯曼政府。1871 年，纳米克·凯末尔等人返回伊斯坦布尔，宣传自由与宪政思想，倡导英法模式的议会制度，屡遭苏丹政府的迫害。⑤青年奥斯曼党的出现，标志着奥斯曼帝国政治生活的崭新模式初露端倪，具有深远的政治影响。青年奥斯曼党阐述的政治思想，提供了宪政运动的理论框架。

2

阿卜杜勒·哈米德(1876—1909 年在位)于 1876 年 8 月继任苏丹后，指定青年奥斯曼党的重要成员米扎特帕夏主持召开立宪会议。立

---

① Zurcher,E.J.,*Turkey:A Modern History*,p.71.

② 路易斯：《现代土耳其的兴起》，第 153 页。

③ 戴维森：《从瓦解到新生》，第 102 页。

④ Zurcher,E.J.,*Turkey:A Modern History*,p.72.

⑤ Palmer,A.,*The Decline and Fall of the Ottoman Empire*,p.136.

宪会议包括28名成员,其中政府官员16名,欧莱玛10名,军官2名。同年10月,立宪会议制定议会草案,颁布临时选举法。12月,奥斯曼帝国历史上的第一部宪法即1876年宪法正式公布。1876年宪法的颁布,"至少在理论上标志着奥斯曼帝国从独裁君主制转变为立宪君主制。在奥斯曼帝国六百年的历史上,苏丹不再享有绝对的权力,民众分享的政府权力得到承认,尽管这样的权力可能受到种种的限制"[①]。

奥斯曼帝国颁布的1876年宪法以1831年比利时宪法和1850年普鲁士宪法作为蓝本,包括12章119款。1876年宪法规定,成立由上议院和下议院组成的两院制议会,上议院议员由苏丹任命,终身任职,下议院议员选举产生,每5万名男性国民选举1名下议院议员,任期4年,上议院议员的人数不得超过下议院议员人数的三分之一;全体议员必须宣誓效忠苏丹和遵守宪法;内阁提交的法案和预算首先由下议院审议,然后由上议院审议,直至获得苏丹的批准;议员不得同时担任政府公职。根据1876年宪法,苏丹拥有广泛的权力,包括召集和解散议会、任免内阁大臣、批准议会制定的法律、统率军队、对外宣布战争与缔结和约;苏丹具有哈里发的身份,是伊斯兰教的保卫者和沙里亚的监护者,处于神圣不可侵犯的地位,不对任何他人或机构负责。1876年宪法规定,奥斯曼帝国是不可分割的整体,帝国境内的所有臣民皆称作奥斯曼人且处于平等的法律地位和享有同等的权利,司法独立,保障人权和人身自由,保护私有财产,伊斯兰教是帝国的国教,其他宗教受帝国政府的保护,土耳其语为官方语言。1876年宪法规定,内阁政府对苏丹负责,首相及内阁大臣由苏丹任免;大维齐尔主持内阁会议,内阁决议须经苏丹批准方可生效。[②]

---

①　Devereux,R.,*The First Ottoman Constitutional Period*,Baltimore 1963,p.47,p.59,p.15.

②　Hamilton,A.,*The Middle East Problem*,London 1909,pp.367-392.

1877 年 1 月,奥斯曼帝国举行第一次议会选举,穆斯林获得 71 个席位,基督徒获得 44 个席位,犹太人获得 4 个席位;苏丹任命 26 名上议院议员,其中 21 人为穆斯林。1877 年 3 月,召开第一届议会;同年 6 月,苏丹阿卜杜勒·哈米德宣布解散第一届议会。1877 年 11 月,奥斯曼帝国举行第二次议会选举,穆斯林获得 64 个席位,基督徒获得 43 个席位,犹太人获得 6 个席位。同年 12 月,第二届议会在伊斯坦布尔召开。[①]

1876 年宪法的颁布和立宪君主制政体的建立,史称奥斯曼帝国的第一次宪政运动。1876 年宪法无疑包含诸如自由、平等、选举、议会、司法独立和权力制约等现代政治要素。然而,1876 年宪法强调苏丹的权力与臣民的义务,至于苏丹的责任和臣民的权利则缺乏明确的规定。

1877 年 3 月召开的第一届议会与苏丹政府处于合作的状态;议长由苏丹阿卜杜勒·哈米德提名保守派人士艾哈迈德·瓦菲克担任,议会俨然是苏丹政府的口舌,反对派议员的声音微乎其微。相比之下,1877 年 12 月召开的第二届议会与苏丹政府之间的关系出现明显的变化;议长由议员选举自由派人士哈桑·法赫米担任,议会讨论具有浓厚的民主氛围,反对派占据议会的多数席位,苏丹政府的诸多政策遭到反对派议员的激烈抨击。1878 年 2 月,苏丹阿卜杜勒·哈米德宣布议会休会。[②]

1876 年宪法规定,"倘若苏丹解散议会,新的议会必须在六个月之内召开","宪法条款不得以任何借口予以中止"。[③]然而,自 1878 年

---

① Devereux,R.,*The First Ottoman Constitutional Period*,p.144,p.108,p.115.

② Devereux,R.,*The First Ottoman Constitutional Period*,p.150,p.236.

③ 戴维森:《从瓦解到新生》,第 111 页。

起的 30 年间,议会停止召开,宪法如同一纸空文,宪政制度名存实亡,苏丹阿卜杜勒·哈米德作为拥有绝对权力的专制君主, 长期统治奥斯曼帝国。与此同时,苏丹的宫廷取代大维齐尔主持的最高波尔特,成为奥斯曼帝国的权力中心。最高波尔特下辖警察部、内务部、外交部、宗教部、军事部、司法部、财政部、教育部、贸易与公共工程部,作为奥斯曼帝国的内阁,处于从属宫廷的地位,成为苏丹实行独裁统治的御用工具。①

---

① Shaw,S.J.& Shaw,E.K.,*History of the Ottoman Empire and Modern Turkey*,Vol.2,pp.216–217.

第四章

传统经济社会秩序的衰落

1800 年前后奥斯曼帝国的经济社会结构

西方列强的贸易扩张

市场化进程的启动

智力的觉醒

一、1800年前后奥斯曼帝国的经济社会结构

1

1800年前后的奥斯曼帝国,尽管衰落征兆逐渐显现,对外战争屡遭败绩,但依然统治着巴尔干半岛、安纳托利亚和阿拉伯世界的广大地区。奥斯曼帝国的人口数量并无准确的统计,然而瘟疫、饥荒、战争、移民无疑是影响奥斯曼帝国人口数量的主要因素。

根据相关资料的推测,奥斯曼帝国的总人口在苏莱曼当政期间约为1200万,16世纪末增至2200万。[1]1800年前后,奥斯曼帝国的总人口约为2500万—3000万[2],其中巴尔干半岛约有人口900万,安纳托

---

[1] Inalcik,H., *An Economic and Social History of the Ottoman Empire*,Vol.I:1300–1600,p.29.

[2] Quataert,D.,*The Ottoman Empire 1700–1922*,Cambridge 2005,p.112.

利亚约有人口600万;在阿拉伯世界,埃及约有人口350万,马格里布约有人口450万,叙利亚约有人口175万,伊拉克约有人口125万,阿拉伯半岛约有人口100万。①

奥斯曼帝国的不同地区在人口密度方面表现为明显的不均衡状态。巴尔干地区的人口密度是安纳托利亚地区人口密度的两倍,安纳托利亚地区的人口密度是新月地带人口密度的三倍,阿拉伯半岛长期处于地广人稀的状态,人口密度不及安纳托利亚的五分之一。②

2

1800年前后奥斯曼帝国的经济生活,依旧处于农本社会和个体生产的历史阶段。奥斯曼帝国约85%的人口生活在乡村,农业构成奥斯曼帝国的基本经济部门,土地税直至19世纪中叶依然是奥斯曼帝国首要的岁入来源,约占奥斯曼帝国财政岁入的40%。③在理论上,土地税占农作物收成的十分之一。然而,实际情况千差万别,征纳的数额取决于国家控制的程度。④

农民普遍沿袭休耕和轮种的耕作技术,采用家庭耕作的传统方式,农具简陋,技术落后,粗放经营,自给自足。⑤奥斯曼帝国传统农业的典型作物是以谷物为主的粮食作物。冬小麦构成最重要的粮食作

---

① Yapp,M.E.,*The Making of the Modern Near East 1792–1923*,p.11.

② Quataert,D.,*The Ottoman Empire 1700–1922*,p.112.

③ Quataert,D.,*The Ottoman Empire 1700–1922*,p.130.

④ Owen,R.,*The Middle East in the World Economy 1800–1914*,p.11.

⑤ Yapp,M.E.,*The Making of the Modern Near East 1792–1923*,p.18.

物,秋季播种,春季收割。夏季作物种类繁多,水稻、亚麻、棉花、烟草、甘蔗和咖啡在诸多地区广泛种植。①在安纳托利亚高原东部以及阿拉伯世界的诸多地区,游牧经济广泛存在。

村社组织和部族群体作为中东地区的古老传统在奥斯曼帝国境内长期延续,农民普遍生活于具有浓厚血缘色彩和封闭倾向的村社和部族之中。村社首领和部族长老控制水源的分配和耕地的使用,在一定的范围内行使征纳赋税和仲裁纠纷的职责,构成联结国家与农民的中间环节。农民作为土地的耕作者,依附于村社首领和部族长老,处于村社和部族的保护之下。

分成制是中东地区由来已久的租佃方式,地主与农民根据耕地、水源、劳动力、农具和种子五项要素划分农作物的收成。农民主要缴纳实物地租,同时承担一定的劳役,货币地租尚不多见。②国家所有制的土地制度,以及村社和部族对于土地的共同占有权,排斥着农民支配土地的个人权利。

3

1800年前后的奥斯曼帝国沿袭传统的贸易模式,贸易活动包括地方贸易、区域贸易和国际贸易三种类型。

地方贸易构成最重要的贸易活动,经营者大都系小商人和手工业者,通常采用实物交易的方式。

区域贸易系奥斯曼帝国境内不同地区之间的贸易,如安纳托利亚

---

① Owen,R.,*The Middle East in the World Economy 1800–1914*,p.40.

② Yapp,M.E.,*The Making of the Modern Near East 1792–1923*,p.17.

与埃及的贸易、埃及与叙利亚的贸易、伊斯坦布尔与其粮食供应地之间的贸易,往往采用集市贸易的方式。

国际贸易包括中东与欧洲之间的贸易以及中东与中亚、印度等地之间的贸易,后者的重要性超过前者,红海和波斯湾构成国际贸易的主要通道。奥斯曼帝国与欧洲之间的贸易主要通过四条路线,即通过里海和黑海与俄国之间的贸易,通过巴尔干地区与奥地利之间的贸易,通过地中海与西欧之间的贸易。[①]

4

1800 年前后,奥斯曼帝国约 15% 的人口生活在 1 万人以上的城市。[②]另据相关资料的统计,1800 年前后,安纳托利亚的主要城市伊斯坦布尔约有人口 75 万,伊兹密尔约有人口 10 万,布尔萨约有人口 5 万,安卡拉、厄尔祖鲁姆和科尼亚亦有相当数量的城市人口;埃及 10% 的人口生活在开罗、艾斯尤特、马哈拉、坦塔、罗赛达、迪米耶塔、亚历山大等城市,叙利亚 20% 的人口生活在大马士革、阿勒颇、霍姆斯、哈马、耶路撒冷、的黎波里等城市,伊拉克 15% 的人口生活在巴格达、摩苏尔、希拉、巴士拉等城市。一些研究者甚至认为,1800 年前后中东的城市人口比例高于同时期的基督教欧洲。[③]

奥斯曼帝国的城市手工业普遍采用行会的经营方式。据欧洲旅行家的记述,1801 年的开罗有至少 74 个手工业行会。城市主要的手工业

① Yapp,M.E.,*The Making of the Modern Near East 1792–1923*,p.29.

② Zurcher,E.J.,*Turkey:A Modern History*,p.11.

③ Owen,R.,*The Middle East in the World Economy 1800–1914*,p.24.

部门包括食品加工业、纺织业、建筑业、金属加工业、制革业和木材加工业。行会作坊设备简陋,资金匮乏。[①]

5

1800 年前后奥斯曼帝国的社会结构呈现为马赛克镶嵌的状态,定居社会与游牧世界、城市与乡村、贵族与平民处于不同的社会地位,诸多的社会群体利益各异,穆斯林与非穆斯林之间的信仰差异尤其构成划分社会群体的首要因素。

奥斯曼帝国境内的穆斯林主要分布于安纳托利亚和阿拉伯地区,基督徒大都分布于巴尔干地区;奥斯曼帝国征服以后,在阿尔巴尼亚、波斯尼亚、克里特和保加利亚,为数众多的基督徒改奉伊斯兰教。[②]相当数量的穆斯林分布于巴尔干地区的波斯尼亚和阿尔巴尼亚以及马其顿和色雷斯,安纳托利亚和阿拉伯世界亦有少量的基督徒。

奥斯曼帝国境内的穆斯林大都属于逊尼派,巴尔干半岛、安纳托利亚、叙利亚和伊拉克分布着少量的什叶派穆斯林,苏菲教团的影响遍及城市和乡村的各个角落。[③]

基督徒划分为诸多教派,其中东正教的信众人数居多,形成伊斯坦布尔、安条克、耶路撒冷和亚历山大四大主教区。

---

① Yapp,M.E.,*The Making of the Modern Near East 1792–1923*,p.23.

② Miller,W.,*The Ottoman Empire 1801–1913*,Cambridge 1913,p.21.

③ Zurcher,E.J.,*Turkey:A Modern History*,p.13.

二、西方列强的贸易扩张

1

奥斯曼帝国地处亚非欧大陆的核心区域,长期控制东西方之间的贸易通道。然而,奥斯曼土耳其人具有尚武的传统,热衷于圣战事业,鄙视商业。欧洲基督教商人以及奥斯曼帝国境内的亚美尼亚人、犹太人和希腊人,成为沟通奥斯曼帝国与西方基督教世界之间贸易交往的重要纽带。1536 年,奥斯曼帝国与法国签署通商条约,伊斯坦布尔的苏丹赐予法国商人在奥斯曼帝国境内享有自由贸易权和治外法权即领事裁判权。此后,欧洲基督教诸国竞相效尤,与奥斯曼帝国签署一系列享有同样特权的通商条约。

鼎盛时期的奥斯曼帝国,无疑是建立在农本社会基础之上的东方传统文明。自塞里姆三世和马哈茂德二世推行新政开始,奥斯曼帝国逐渐形成西化的色彩和重商主义的倾向,奥斯曼帝国与欧洲基督教诸国之间的贸易交往明显扩大。坦泽马特时代,正值欧洲经济的繁荣阶段。1838 年,英国与奥斯曼帝国签署商务协约,规定奥斯曼帝国政府从英国进口货物按 5%征收关税,出口则按 12%征收关税。此后,其他西方国家亦从奥斯曼帝国政府获得类似的贸易优惠。

奥斯曼帝国与欧洲基督教诸国之间的贸易额,1783 年约合 440万英镑,1845 年约合 1220 万英镑,1876 年约合 5400 万英镑。安纳托利亚港口城市伊兹密尔与法国港口城市马赛之间的进出口贸易额,1750 年为 990 万法郎,1850 年增至 6700 万法郎,1881 年达到 3.2 亿法郎。[①]另据估计,1840 年奥斯曼帝国的出口产品约占国内生产总量的 4%—5%,1870 年奥斯曼帝国的出口产品约占国内生产总量的 7%—8%。[②]1800—1900 年,安纳托利亚、埃及、叙利亚和伊拉克的对外贸易额增长 10 倍,年贸易额从不足 1000 万英镑增至超过 1 亿英镑。[③]

2

19 世纪以前奥斯曼帝国与欧洲基督教世界之间的传统贸易,主要是中东地区手工业制品的输出以及包括伊朗、印度在内的东方物产的贩运,来自奥斯曼帝国以及伊朗、印度的纺织品、金属器皿、纸张、玻璃、蔗糖、丝绸、香料畅销于欧洲市场。

进入 19 世纪,奥斯曼帝国与欧洲基督教世界之间的贸易模式经历逆向的变化,中东地区的农作物出口和欧洲基督教世界的工业品在奥斯曼帝国市场的倾销呈明显上升的趋势。欧洲基督教世界的工业品和所谓的殖民地产品即来自西印度群岛的咖啡、甘蔗,主要经过伊斯坦布尔、伊兹密尔、亚历山大,以及叙利亚沿海城市伊斯肯德伦、拉塔基亚、的黎波里、贝鲁特、西顿、阿克,或经过巴尔干半岛和多瑙河,进入奥斯曼帝国境内。[④]

1800 年以前,来自马赛的法国商人控制中东与欧洲之海路贸易的一半以上,尤其是在利凡特地区的进出口贸易领域独占鳌头。[⑤]法国商

---

① Karpat,K.H.,*Social Change and Politics in Turkey*,pp.39–40.

② Zurcher,E.J.,*Turkey:A Modern History*,p51.

③ Owen,R.,*The Middle East in the World Economy 1800–1914*,p287.

④ Owen,R.,*The Middle East in the World Economy 1800–1914*,pp.51–52.

⑤ 第一次世界大战以前,地中海东部沿岸地区通称利凡特。

人主要经营法国毛纺织品出口中东的贸易;与英国的高档毛纺织品相比,法国的毛纺织品价格低廉,在利凡特地区具有广阔的市场。

随着拿破仑战争结束后欧洲政治格局的变化,特别是英国工业革命完成以后,法国的贸易优势逐渐丧失,英国商人开始控制欧洲与中东的海路贸易,进而导致英国工业品在中东市场的倾销,棉纺织品成为英国商业扩张的主要工具。以利凡特地区为例,1816年即拿破仑战争结束后的第一年,英国在利凡特的出口额约为30万英镑,其中棉纺织品19万英镑;1818年,英国在利凡特的出口额增至80万英镑,其中棉纺织品55万英镑。[①]1828—1831年,英国向奥斯曼帝国出口的棉纺织品增长10倍;1835—1855年,英国向奥斯曼帝国出口的棉纺织品再次增长10倍。[②]1850年,英国出口安纳托利亚的商品总额为252万英镑,其中棉纺织品占198万英镑;英国出口叙利亚的商品总额为30万英镑,其中棉纺织品占27万英镑。伊斯坦布尔和伊兹密尔是奥斯曼帝国境内最重要的英国工业品集散地,安纳托利亚则是奥斯曼帝国境内最重要的英国工业品市场。19世纪中叶,英国出口奥斯曼帝国的商品中75%销往安纳托利亚的市场。与此同时,英国工业品经过利凡特港口城市贝鲁特,进入叙利亚腹地的大马士革和阿勒颇,直至销往伊拉克市场。[③]

穆斯林商人通常经营奥斯曼帝国境内的地方贸易和区域贸易,国际贸易处于基督教商人和犹太人的控制之下。奥斯曼帝国与欧洲基督教世界之间贸易交往的扩大,导致奥斯曼帝国境内欧洲移民人数的增长。埃及的亚历山大和利凡特地区的沿海城市,俨然是欧洲人在中东

---

① Owen,R.,*The Middle East in the World Economy 1800–1914*,pp.83–85.

② Issawi,C.,*The Economic History of the Middle East 1800–1914*,Chicago 1966,p.49.

③ Owen,R.,*The Middle East in the World Economy 1800–1914*,pp.85–86.

伊斯兰世界新的家园。奥斯曼帝国境内的欧洲移民一方面与欧洲银行保持密切的信贷联系，另一方面与土著商贩建立密切的商业联系,成为中东伊斯兰世界与欧洲基督教世界之间贸易交往的纽带和桥梁。与此同时,欧洲基督教世界在奥斯曼帝国境内的私人投资均呈明显上升的趋势,私人投资的领域主要是铁路、公路、港口和银行以及其他与出口联系的公共部门的投资。

3

坦泽马特时代的新政举措，特别是组建新军和扩充官僚机构,耗资巨大,奥斯曼帝国财政入不敷出。由于与西方贸易的不断扩大,奥地利、法国和俄国的货币充斥于奥斯曼帝国的市场,成为帝国境内重要的交换媒介,货币贬值作为缓解财政危机的传统方式逐渐淘汰。亚美尼亚商人开办的银行尽管向苏丹政府提供借贷,然而数额有限,且需支付高额利息。

1851 年，大维齐尔拉希德帕夏与英法政府签署借贷 5500 万法郎的债务协议,遭到苏丹的否决。1854 年,奥斯曼帝国迫于克里米亚战争的需要,与英国签署债务协议,首开向西方列强举债的先河。[1]此后 20 年间,奥斯曼帝国政府 13 次签署债务协议,至 1875 年债务总额达到 2.4 亿英镑。[2]1876 年阿卜杜勒·哈米德即位时,奥斯曼帝国财政岁入的 80%用于偿还外债,政府财政濒临崩溃的边缘。[3]

---

① Owen,R.,*The Middle East in the World Economy 1800–1914*,p.100.

② Yapp,M.E.,*The Making of the Modern Near East 1792–1923*,p.31.

③ Shaw,S.J.& Shaw,E.K.,*History of the Ottoman Empire and Modern Turkey*,Vol.2,p.221.

　　1881 年,奥斯曼帝国允准成立奥斯曼债务管理局,由来自英、法、德、意和奥匈等国的外国债务人代表组成的理事会领导该机构,负责管理以税收作为基础的帝国岁入,偿还公共债务。奥斯曼债务管理局充当奥斯曼帝国政府与西方债权国及投资者的中介机构,旨在维护西方债权国和投资者的利益。①奥斯曼债务管理局的建立,严重损害了奥斯曼帝国的主权。

---

① Keyder,C.,*State and Class in Turkey*,London 1987,pp.39–40.

三、市场化进程的启动

1

19 世纪的奥斯曼帝国,尽管经济活动依旧建立在个体农业的基础之上,然而农作物的种植结构无疑经历着剧烈的变化。奥斯曼帝国与欧洲基督教世界之间贸易交往的扩大,为中东地区的农产品提供了广阔的市场。西方列强的贸易扩张和工业品倾销的直接结果,是奥斯曼帝国农产品出口的急剧增长。赋税和地租的货币化亦是加速农产品市场化进程的重要因素。与此同时,农作物播种的区域性分工日益明显。在奥斯曼帝国境内的地中海沿岸地区,特别是安纳托利亚西部、叙利亚和黎巴嫩山区,面向流通领域和国际市场的经济作物播种面积不断扩大,棉花、生丝、甘蔗、烟草、鸦片产量呈明显的上升趋势,农业生产的市场化程度随之逐渐提高。相比之下,奥斯曼帝国的内陆地区普遍播种粮食作物,依旧维持自给自足的传统经营模式,农业生产的市场化程度低下, 由此形成与沿海地区农业经营模式的明显差异。①

中东地区农业市场化程度的提高和农作物出口的增长,在相当长的时期内并非通过改善农业技术、改进经营方式和增加农业投资,而是在大多数情况下依旧采取传统的生产技术和经营方式,主要依靠耕地的扩大和劳动力投入的增长,延续传统的小生产模式。尽管如此,交换关系的扩大刺激着农民的生产积极性,大规模的垦殖运动和耕地面

---

① Issawi,C., *An Economic History of the Middle East and North Africa*, New York 1982,pp.30–32.

积的增长则是农作物市场化程度提高的逻辑结果。另一方面,国家土地所有制以及村社和部族的土地共同占有权日渐式微。尤其是1858年奥斯曼帝国土地法颁布以后,私人土地所有制呈上升趋势,私人地产明显扩大,越来越多的土地作为商品进入流通领域,导致乡村社会的剧烈分化。无地农民日渐增多,沦为雇佣劳动力。

2

西方列强的贸易扩张和西方工业品倾销的另一结果,是奥斯曼帝国传统手工业的衰落趋势。"奥斯曼工业的总衰退,在时间上可以一直回溯到19世纪初期,当时的土耳其也像其他许多国家一样,正经受着不断扩张的欧洲工业资本主义的冲击,势如潮涌的大量廉价工业品不断流入土耳其市场。进口货中最重要的是纺织品,老式的土耳其棉业和丝业织造者因而受到了打击。其他进口货物包括铁器、刀、时钟、纸张和食糖,而对于这些东西,土耳其的地方工业照样无法与西方竞争。"①至19世纪后期,奥斯曼帝国逐渐沦为西方工业国的农产品供应地和工业品市场,传统手工业濒临崩溃的边缘。城市的行会组织尽管长期延续,然而其传统的经济社会职能逐渐丧失。市场化程度的提高排斥着行会经济的垄断地位,政府机构的完善否定着行会原有的社会影响。随着乡村家庭手工业规模的扩大和城市行会手工业的衰落,工业生产与行会组织的同一状态逐渐消失。②

马哈茂德二世当政期间,开始创办现代工业,主要生产军需品。阿

---

① 路易斯:《现代土耳其的兴起》,第482页。

② Quataert,D.,*The Ottoman Empire 1700–1922*,p.134.

卜杜勒·马吉德即位后,从欧洲引进技术和设备,现代工业的规模进一步扩大。奥斯曼帝国的早期现代工业,大都分布在巴尔干半岛、伊斯坦布尔和安纳托利亚西部以及利凡特地区,萨洛尼卡、伊兹密尔、贝鲁特和伊斯坦布尔成为奥斯曼帝国现代工业的中心所在,产品主要满足国内市场的需求。[1]布尔萨是奥斯曼帝国的丝织业中心,1845年开始出现瑞士人经营的丝织企业,采用蒸汽动力,至1876年,采用蒸汽动力的丝织企业超过14家。伊兹密尔有地毯编织厂多家,雇佣工人千余人,另有面粉厂、榨油厂、玻璃工厂、造纸厂、棉纺厂、织布厂,大都由西方商人投资兴办。1853年,黎巴嫩有丝织企业9家,产品销往法国。1861年颁布的矿产法,结束政府对于矿产开采的垄断,允许私人投资开采。此后,西方商人投资采矿业,奥斯曼帝国境内的矿产资源随之流向欧洲基督教世界。[2]

3

人口的增长与新旧秩序的更替以及现代化的进程之间具有内在的逻辑联系。1800年以前,奥斯曼帝国的人口长期处于停滞的状态,甚至出现一定程度的下降趋势。1800—1914年,奥斯曼帝国的人口呈持续增长的趋势,人口年增长率约为1%,其中19世纪后期的人口增长速度超过19世纪前期。[3]根据相关资料的统计,1800—1914年,安纳托利亚地区的人口从650万增至1470万;伊拉克的人口1860年仅120

---

① Quataert,D.,*The Ottoman Empire 1700–1922*,p.135.

② Shaw,S.J.& Shaw,E.K.,*History of the Ottoman Empire and Modern Turkey*,Vol.2,p.123.

③ Yapp,M.E.,*The Making of the Modern Near East 1792–1923*,p.14.

万,1914 年达到 320 万。①另据资料统计,1800—1900 年,叙利亚和黎巴嫩的人口从 30 万增至 240 万, 巴勒斯坦的人口从 30 万增至 60 万。②经济社会环境的改善以及瘟疫和灾荒的减少,是导致人口增长的基本原因。

另一方面,奥斯曼帝国的人口分布出现明显的变化,城市人口在总人口中所占的比例呈持续上升的趋势。1800—1914 年,奥斯曼帝国境内的主要城市伊斯坦布尔从 40 万人增至 110 万人, 伊兹密尔从 10 万人增至 30 万人,安卡拉从 20 万人增至 40 万人,贝鲁特从 0.6 万人增至 15 万人,耶路撒冷从 1 万人增至 8 万人,巴格达从 5 万—10 万人增至 15 万人,巴士拉从 0.4 万人增至 2 万人。③另据统计,1850—1900 年,阿勒颇从 7.7 万人增至 9 万人,海法从 0.1 万人增至 0.5 万人,雅法从 2 万人增至 4 万人,大马士革从 5 万人增至 8 万人。④此外,奥斯曼帝国境内的游牧人口与定居人口亦经历着此消彼长的变化过程,农田的扩大与牧场的减少成为 19 世纪奥斯曼帝国经济生活的突出现象。在安纳托利亚、叙利亚和伊拉克,游牧部落的活动范围逐渐缩小。

4

直至 1800 年,奥斯曼帝国依然沿袭古老的交通运输模式,内陆运输普遍依靠商旅驼队,帆船航行于尼罗河、幼发拉底河和底格里斯河

① Issawi, C., *An Economic History of the Middle East and North Africa*,p.94.

② Grunwald, K.& Ronall,J.O.,*Industrialization in the Middle East*,New York 1960,p.39.

③ Issawi, C., *An Economic History of the Middle East and North Africa*,p.101.

④ Grunwald, K.& Ronall,J.O.,*Industrialization in the Middle East*,p.41.

以及奥斯曼帝国的周边海域。进入 19 世纪,随着西方列强的贸易扩张和中东市场化进程的启动,奥斯曼帝国在交通运输领域经历革命性的剧烈变革。现代交通运输体系的初步建立,明显加速着人流和物流的运动,进而构成推动奥斯曼帝国经济生活市场化进程和瓦解传统社会之封闭状态的重要杠杆。

奥斯曼帝国境内最早出现的现代交通工具是西方制造的蒸汽船。19 世纪 20 年代初,蒸汽船首先出现于多瑙河流域。1828 年,第一艘蒸汽船抵达伊斯坦布尔,奥斯曼帝国与西地中海之间的定期航线随之开通。①30 年代,蒸汽船进入底格里斯河和幼发拉底河水域。19 世纪后期,蒸汽船的平均排水量达到 1000 吨,相当于传统帆船排水量的 10—20 倍。②1895 年,奥斯曼帝国共有各种船只 5 万余艘,其中蒸汽船约 3 千艘。1905 年,奥斯曼帝国的各种船只总数增至 6.9 万艘,其中蒸汽船达到 4800 余艘。③19 世纪 60 年代,在抵达伊斯坦布尔港的各类船只中,传统帆船是蒸汽船的 4 倍;1900 年,在抵达伊斯坦布尔港的各类船只中,传统帆船仅占 5%。④

随着蒸汽船的广泛使用,港口建设出现长足的进步,伊斯坦布尔、伊兹密尔、贝鲁特、伊斯肯德伦、亚丁、巴士拉成为奥斯曼帝国现代航运的重要枢纽。⑤1830—1913 年,进入贝鲁特港的船只吨位从 4 万吨增至 170 万吨,进入伊兹密尔港的船只吨位从 1.5 万吨增至 220 万吨,进入巴士

---

① Ochsenwald,W.,*The Middle East:A History*,p.277.

② Quataert,D.,*The Ottoman Empire 1700–1922*,p.119.

③ Shaw,S.J.& Shaw,E.K.,*History of the Ottoman Empire and Modern Turkey*,Vol.2,p.228.

④ Quataert,D.,*The Ottoman Empire 1700–1922*,p.120.

⑤ Yapp,M.E.,*The Making of the Modern Near East 1792–1923*,p.27.

拉港的船只吨位从 1 万吨增至 40 万吨；伊斯坦布尔作为东地中海沿岸最重要的港口，1913 年进港船只吨位达到 400 万吨。①

19 世纪奥斯曼帝国在交通运输领域最重要的变化是铁路的开通。如果说蒸汽船的出现标志着航运领域的革命，进而影响着奥斯曼帝国沿海地区的经济社会生活，那么铁路的开通标志着陆路运输的革命，进一步密切着广袤的内陆世界与沿海地区之间的经济社会联系。

奥斯曼帝国境内的铁路始建于克里米亚战争之后。1866 年，自伊兹密尔通往安纳托利亚内陆的铁路动工兴建。伊斯坦布尔至维也纳的铁路始建于 1868 年，1888 年完工。②阿卜杜勒·马吉德当政期间，奥斯曼帝国境内的铁路通车里程达到 450 公里，分布于巴尔干半岛和安纳托利亚西南部。1874 年，比利时人巴龙·德·希尔什主持建成著名的东方铁路，自伊斯坦布尔经埃迪尔内至索非亚，全长 560 公里；1888 年，东方铁路经贝尔格莱德延伸至奥地利边境。自伊斯坦布尔通往东方的铁路，1873 年到达伊兹米特，1892 年到达安卡拉，1896 年到达科尼亚，1914 年与巴格达铁路相连，直至到达波斯湾，是为闻名遐迩的中东铁路。③1892 年，法国商人和英国商人分别投资兴建耶路撒冷至雅法的铁路和大马士革至阿克的铁路，是为叙利亚最早的铁路。1908 年，自大马士革至麦地那的希贾兹铁路建成通车，全长 1320 公里。④铁路是西方投资的重要领域，奥斯曼帝国境内的铁路主要由英国、法国和德国承

---

① Issawi, C., *An Economic History of the Middle East and North Africa*, p.48.

② Yapp, M.E., *The Making of the Modern Near East 1792–1923*, p.26.

③ Shaw, S.J.& Shaw, E.K., *History of the Ottoman Empire and Modern Turkey*, Vol.2, p.121.

④ Issawi, C., *The Fertile Crescent 1800–1914: A Documentary Economic History*, Oxford 1988, p.220, p.222.

建。19世纪末20世纪初,铁路投资占法国在奥斯曼帝国境内投资总额的62%,占德国在奥斯曼帝国投资总额的86%。[1]

　　1911年,奥斯曼帝国共有铁路4000公里,从事铁路运输者1.3万人,运送旅客1600万人,运送货物260万吨。其中,巴尔干半岛1000公里的铁路运送800万旅客,安纳托利亚1500公里的铁路运送旅客700万人。相比之下,在地广人稀的阿拉伯诸省,1500公里的铁路仅运送旅客90万人。[2]

① Keyder,C.,*State and Class in Turkey*,p.44.

② Quataert,D.,*The Ottoman Empire 1700–1922*,p.123,p.125.

四、智力的觉醒

奥斯曼帝国的西化进程,首先表现为法国对于奥斯曼社会的广泛影响。一方面,奥斯曼帝国的统治者热衷于法国文化,追求法国的生活方式,引进郁金香等法国花卉,采用法国的建筑风格,身着法国服饰,尤其是学习法国的军事技术和聘请法国军官训练新军。另一方面,法国革命期间形成的政治思想传入奥斯曼帝国,开始挑战伊斯兰世界的传统政治理论。

伊斯兰世界的传统政治理论,强调统治者的权力与臣民的义务;统治者应当遵循公正的原则,所谓的仁政构成理想的政治模式;臣民理应履行相应的义务,至于臣民拥有的权力则无足轻重抑或无从谈起。阿拉伯语中曾有如下的格言:"如果哈里发为人公正,那是他的赏赐而你应该表示感谢。如果哈里发为人不公正,那是他的罪过而你应该保持耐心。"①伊斯兰世界的传统政治理念,由此可见一斑。

所谓的自由在传统社会是相对于奴隶的法律概念,在现代社会则是与公民权密切相关的政治概念。1789年爆发的法国革命,赋予自由一词以崭新的政治内涵,主权在民成为自由的前提和保障,自由主义成为反对人身依附之封建思想的理论工具,宪政和代议制政府成为民众向往的政治典范,而民族主义则成为巴尔干地区诸多基督教民族反抗苏丹统治和争取民族独立的意识形态,尤其是助长了希腊

---

① 路易斯:《现代土耳其的兴起》,第141页。

人和塞尔维亚人的民族解放运动。继巴尔干地区基督教诸民族之后，阿拉伯世界亦以民族主义作为反抗奥斯曼帝国统治和争取独立的革命意识形态。

奥斯曼帝国最早的印刷业，源于 15 世纪末 16 世纪初巴叶济德二世当政期间来自西班牙的犹太移民建立的印刷所。"印刷术似乎是在1492 年西班牙驱逐犹太人之后，由西班牙的犹太难民带到中东地区。"[1]然而，在奥斯曼帝国，印刷术的传播与火器的传播经历了不同的道路；火器的引进旨在用于圣战的实践，印刷术的引进则与异教思想的出现密切相关。因此，当来自西班牙的犹太人请求巴叶济德二世准许在土耳其建立印刷所时，巴叶济德二世吩咐犹太人只能印刷希伯莱文字和欧洲文字而不得印刷土耳其文字和阿拉伯文字。

1727 年，伊斯坦布尔出现第一家穆斯林经营的土耳其文印刷所。1796 年，伊斯坦布尔开始发行法文报纸。1824 年，伊兹米特开始发行法文报纸。1831 年，苏丹马哈茂德二世在伊斯坦布尔创办第一份土耳其文周刊，发布政府法令和官方消息。[2]19 世纪后期，苏丹政府对于印刷业的限制逐渐放松。1883 年，伊斯坦布尔有印刷所 54 家；1908 年，伊斯坦布尔的印刷所增至 99 家。[3]19 世纪下半叶，伊斯坦布尔和其他主要城市的印刷所出版图书约 3 千种，其中宗教类图书 390 种，诗歌类图书 360 种，语言类图书 260 种，历史类图书 180 种，小说类图书 180种，政府公报 140 种，科学类图书 80 种，数学类图书 80 种，经济和财政类图书 20 种。1840—1860 年，英国记者威廉·丘吉尔创办中东的第一

---

① 路易斯:《中东:激荡在辉煌的历史中》,第 12 页。

② Shaw,S.J.& Shaw,E.K.,*History of the Ottoman Empire and Modern Turkey*,Vol.2,p.35.

③ 路易斯:《现代土耳其的兴起》,第 199 页。

份民间报纸,打破官方的新闻垄断。[1]

奥斯曼帝国最早的报纸,发行于 1840 年,近似于官方的政府公报。1862 年,奥斯曼帝国出现第一种民间发行的报纸,具有自由主义和爱国主义的色彩,包含对于政府的温和批评,至 60 年代末趋于激进。[2]在现代化的进程中,报纸和出版业成为传播自由主义和立宪思想的载体和工具。阿卜杜勒·哈米德当政期间,报纸种类增加,发行范围扩大。然而,由于严格的审查制度,自由主义、民族主义和宪政主义以及批评政府的内容受到明显的限制,传统主义和伊斯兰主义的宣传以及科学和文化的内容占据报纸的主要版面。

此外,19 世纪 30 年代以前,欧莱玛控制的宗教学校构成奥斯曼帝国的主要教育载体。兼设传统宗教课程与现代世俗课程的官办穆斯林学校始建于 1839 年,标志着奥斯曼帝国现代教育的初露端倪。1856年,奥斯曼帝国颁布法令,允许非穆斯林进入官办学校接受教育。阿卜杜勒·哈米德当政期间,创办新式学校多达 1 万所。[3]

---

[1] Shaw,S.J.& Shaw,E.K.,*History of the Ottoman Empire and Modern Turkey*,Vol.2,pp.128–129.

[2] Zurcher,E.J.,*Turkey:A Modern History*,pp.70–71.

[3] Atasoy,Y.,*Turkey,Islamists and Democracy*,pp.28–29.

第五章

从青年土耳其党革命到

奥斯曼帝国的灭亡

青年土耳其党革命

奥斯曼帝国的终结

一、青年土耳其党革命

1

塞里姆三世和马哈茂德二世推行的新政举措以及 19 世纪中叶的坦泽马特运动,始终围绕着完善中央集权的鲜明主题,旨在强化伊斯坦布尔的专制独裁和遏制地方势力的离心倾向,进而维持奥斯曼土耳其人对于诸多被征服民族的封建统治。在奥斯曼帝国之多元民族构成的特定历史条件下,民族主义运动的高涨成为民众反抗专制独裁和争取自由民主的首要形式。

19 世纪的奥斯曼帝国,民族矛盾与宗教矛盾错综交织。伊斯坦布尔的苏丹政府始终面临而无法解决的严重问题,是在西方列强的冲击和干预下帝国境内欧洲省区非穆斯林臣民日益高涨的民族主义浪潮。

19 世纪初,奥斯曼帝国苏丹统治下的东南欧地区,包括希腊、保加利亚、塞尔维亚、波斯尼亚、黑塞哥维那、门德内哥罗、摩尔达维亚和瓦兰几亚，面积约 24 万平方公里，人口约 800 万。

1804 年，塞尔维亚人发动起义，首开东南欧地区民族解放运动的先河。1815 年，苏丹被迫承认塞尔维亚人作为奥斯曼帝国的臣民享有自治的权力，允许塞尔维亚人拥有武装和自行征税。

1821 年，希腊人发动起义，争取独立是希腊人起义的宗旨，伊斯坦布尔的苏丹不得不依靠埃及军队的介入，平定希腊人的起义。1827 年，英国、法国和俄国介入希腊战争。1829 年，苏丹被迫签署埃迪尔内条约，承认希腊独立，给予摩尔达维亚和瓦兰几亚（即罗马尼亚）公国以及塞尔维亚部分地区的自治权，并且将巴尔干东部地区割让给俄国。

19 世纪 60—70 年代，罗马尼亚、塞尔维亚、门德内哥罗、波斯尼亚、保加利亚和帖萨罗尼加诸地相继独立。1878 年，奥斯曼帝国与英国、法国、俄国、奥匈帝国、意大利、德国的代表召开柏林会议，签署条约，宣布罗马尼亚、塞尔维亚和门德内哥罗永远脱离奥斯曼帝国，保加利亚在承认奥斯曼帝国苏丹之宗主权的前提下获得自治地位。①

至 19 世纪 90 年代，马其顿和亚美尼亚成为奥斯曼帝国境内民族宗教矛盾的焦点。

2

自 19 世纪中叶开始，反对专制独裁和争取自由民主的政治倾向在奥斯曼帝国的统治民族即土耳其人中逐渐萌生，青年奥斯曼党的政

---

① Miller,W.,*The Ottoman Empire 1801–1913*,p.16,p.49,p.56,p.72,p.79,p.103,p.389.

治实践和1876年宪法的颁布可谓奥斯曼帝国历史上宪政运动的最初尝试。

1878年,阿卜杜勒·哈米德解散议会,镇压立宪派。此后30年间,奥斯曼帝国的极权政治达到顶峰,苏丹的独裁权力明显膨胀,阿卜杜勒·哈米德则被视作血腥的暴君。"他企图恢复最后的东方式的专制来巩固自己的权力。他的帝国中的每一个自由的思想活动都在萌芽时就被扼杀。"[1]阿卜杜勒·哈米德的高压政策,导致宪政倾向与独裁统治之间的矛盾日趋激化,政治革命的客观形势逐渐成熟。

1887年,帝国医学院的6名学生首创统一与进步协会。1889年即法国革命100周年之际,统一与进步协会的成员、阿尔巴尼亚裔的穆斯林伊卜拉欣·特莫在伊斯坦布尔发起创立激进的反对派政治组织奥斯曼统一协会,秘密宣传宪政思想。[2]此后,由于苏丹政府的迫害,奥斯曼统一协会的许多成员流亡国外,继而在热那亚和巴黎成立统一与进步委员会,西方人称之为青年土耳其党,继续反对苏丹政府,艾哈迈德·礼萨是该组织的核心成员。[3]青年土耳其党主张恢复1876年宪法,召开新的议会,建立真正意义的君主立宪制,捍卫奥斯曼帝国。

青年土耳其党内部包括诸多的政治群体,具有不同的政治背景和政治倾向,倡导不同的斗争方式,分别在伦敦、巴黎、热那亚、布加勒斯特和埃及从事政治活动,发行各自的报刊。穆罕默德·穆拉德·埃芬迪等人强调泛伊斯兰主义的意识形态,寻求与苏丹的政治妥协,主张温和的改良运动。1897年,穆罕默德·穆拉德·埃芬迪等人接受苏丹政府

---

① 布罗克尔曼:《伊斯兰各民族与国家史》,第431页。

② Shaw,S.J.& Shaw,E.K.,*History of the Ottoman Empire and Modern Turkey*,vol.2,p.256.

③ Zurcher,E.J.,*Turkey:A Modern History*,p.91.

的劝说,从欧洲返回伊斯坦布尔,脱离青年土耳其党。

1902 年,青年土耳其党人在巴黎召开奥斯曼自由主义者大会,参加者包括土耳其人、亚美尼亚人、阿尔巴尼亚人、阿拉伯人、库尔德人等,呼吁恢复 1876 年宪法,实现奥斯曼帝国臣民的平等地位和领土主权的完整。

不久,青年土耳其党内部再次分裂。艾哈迈德·礼萨坚持恢复议会选举,限制苏丹权力,通过议会君主制的形式保障公民权益,实现自由和民主的政治目标。从伊斯坦布尔逃亡巴黎的奥斯曼皇室成员萨巴赫丁创立奥斯曼自由主义者协会,主张争取欧洲列强的支持和介入,通过军事政变推翻苏丹政权,实现奥斯曼帝国境内的广泛民族自治。

3

1905 年日俄战争之后,俄国召开立法会议,启动宪政进程。1906 年,波斯爆发宪政运动,颁布宪法。国际形势的变化加快了奥斯曼帝国的政治反对派的行动步伐,青年土耳其党在奥斯曼帝国军队中的影响迅速扩大。包括穆斯塔法·凯末尔在内的少数军官在大马士革成立自由与祖国协会,马其顿则是奥斯曼帝国境内反对派政治势力的主要活动区域。

1906 年,自由与祖国协会并入青年土耳其党在撒罗尼卡创立的奥斯曼自由协会,进而以驻守马其顿的第三军和驻守埃迪尔内的第二军作为争取对象,并与巴黎的反对派组织建立联系。1908 年初,青年土耳其党各个分支在巴黎召开会议,就基本政治纲领达成一致。

1908 年 7 月,奥斯曼自由协会在撒罗尼卡发动兵变,迫使苏丹承诺恢复中断 30 年之久的议会选举,由此开始了奥斯曼帝国历史上的第二次宪政运动,史称青年土耳其党革命。①

1908 年 9 月,青年土耳其党在伊斯坦布尔召开代表大会,通过政治纲领。青年土耳其党的政治纲领,沿袭第一次宪政运动的基本思想,强调议会君主制的政治目标和泛奥斯曼主义的意识形态,进而确立第二次宪政运动的基本框架。青年土耳其党人声称:"专制政府已经消失。从此以后,我们都是兄弟。再也没有保加利亚人、希腊人、罗马尼亚人、犹太人和穆斯林的区分;在同一片蓝天下,我们是平等的,我们为自己是奥斯曼人而自豪。"②

1908 年 10 月,奥斯曼帝国举行议会选举,议员来自穆斯林和基督徒的不同教派以及犹太人,分别属于奥斯曼帝国境内的诸多民族。在议会 275 个席位中,土耳其人占 142 个席位,阿拉伯人占 60 个席位,阿尔巴尼亚人占 25 个席位,希腊人占 23 个席位,亚美尼亚人占 12 个席位,犹太人占 5 个席位,保加利亚人占 4 个席位,塞尔维亚人占 3 个席位,弗拉其人占 1 个席位。③同年 12 月,奥斯曼帝国议会在伊斯坦布尔召开,艾哈迈德·礼萨当选为议长。

1909 年 4 月 13 日,保守派在伊斯坦布尔发动兵变,撤换内阁首相以及部分青年土耳其党军官,罢免艾哈迈德·礼萨的议长职务,恢复伊斯兰教法。④统一与进步委员会成员被逐出伊斯坦布尔,马其顿成为青年土耳其党人的主要据点。4 月 24 日,驻守马其顿的第三军团司令穆罕默德·谢夫凯特率军占领伊斯坦布尔,平息保守派发动的兵变,废黜

---

① Miller,W.,*The Ottoman Empire 1801–1913*,p.475.

② Miller,W.,*The Ottoman Empire 1801–1913*,p.476.

③ Karpat,K.H.,*Studies on Ottoman Social and Political History*,p.560.

④ Macfie,A.L.,*The End of the Ottoman Empire 1908–1923*,London 1998,p.46.

阿卜杜勒·哈米德，推举阿卜杜勒·哈米德的胞弟雷沙德出任苏丹，是为穆罕默德五世(1908—1918 年在位)。[①]

与 1876 年宪法相比,1909 年宪法在沿袭第一次宪政运动的基本框架即实行君主立宪政体和捍卫奥斯曼帝国领土完整的同时,明确限制苏丹的权力，集中体现青年土耳其党的政治纲领。根据 1909 年宪法,议会采取两院制,包括上议院和下议院;上议院议员中三分之一由苏丹指定,终身任职,上议院另外三分之二的议员和下议院议员选举产生，任期 4 年;取消苏丹将所谓危害国家安全者驱逐出境的权力。1909 年宪法进一步保障公民权利，规定 20 岁以上的帝国公民皆享有选举权而不受财产资格的限制,公民享有结社的权利。1909 年宪法扩大议会权力,规定内阁对议会负责而不再对苏丹负责,议会行使充分的立法权而无需苏丹的批准。[②]

4

1909—1913 年奥斯曼帝国政治生活的突出现象,是诸多政党的相继建立和新旧政治势力在议会展开的激烈角逐。1911 年,包括自由党、改革党、人民党在内的诸多政党以及来自希腊、亚美尼亚、阿尔巴尼亚、保加利亚的反对派议员组建自由联盟,进而同统一与进步协会分庭抗礼。

1913 年,陆军大臣恩维尔、内务大臣塔拉特和海军大臣杰马尔发动政变,建立军事独裁,取缔反对派政党,统一与进步协会作为唯一的

---

① Palmer,A.,*The Decline and Fall of the Ottoman Empire*,p.209.
② 周南京、梁英明:《近代亚洲史资料选辑》下册,商务印书馆,1985 年,第 124—126 页。

合法政党,占据议会 275 个席位中的 269 个席位。[①]1913—1918 年,青年土耳其党军官成为奥斯曼帝国政治生活的主导力量。

青年土耳其党执政期间,致力于国家职能的强化,苏丹的统治名存实亡,传统宗教势力遭到进一步的排斥。1916 年,伊斯坦布尔的大穆夫提退出内阁。1917 年,宗教法庭划归司法部管辖,宗教学校划归教育部管辖,宗教地产划归瓦克夫事务部管辖。[②]

与此同时,青年土耳其党政府致力于发展民族经济,并且试图通过扩大对外贸易的方式改善与西方列强的关系。然而,修改不平等条约和提高关税的谈判无果而终,贷款的要求亦遭到拒绝。

奥斯曼帝国与西方列强之间的尖锐矛盾,导致青年土耳其党政府倾向于民族主义和国家干预的经济政策。1914 年,青年土耳其党政府宣布废除旧的不平等条约,取消奥斯曼帝国苏丹给予西方列强的领事裁判权。1917 年,青年土耳其党政府成立国家信贷银行,资金 400 万奥斯曼镑,股权属于奥斯曼帝国臣民,用于支持民族工业。[③]

---

① Macfie,A.L.,*The End of the Ottoman Empire 1908–1923*,p.77.

② Zurcher,E.J.,*Turkey:A Modern History*,p.125.

③ Karpat,K.H.,*Turkey's Politics:The Transiton to A Multi-Party System*,Princeton 1959,p.31.

二、奥斯曼帝国的终结

　　青年土耳其党执政时期,奥斯曼帝国进一步解体。1908 年,保加利亚独立,奥匈帝国吞并波斯尼亚和黑塞哥维那,克里特岛纳入希腊版图。1909 年,阿尔巴尼亚爆发起义,脱离奥斯曼帝国。1911 年,意大利占领奥斯曼帝国在北非的属地利比亚。1912—1913 年,包括塞尔维亚、保加利亚、希腊和门德内哥罗在内的巴尔干同盟与奥斯曼帝国之间爆发战争;1913 年 5 月,交战双方签署伦敦协议,奥斯曼帝国在东南欧的属地丧失殆尽。[①]与此同时,奥斯曼帝国人口锐减,从 1897 年的约 4000 万人下降为 1914 年的 1850 万人。[②]

　　1914 年,奥斯曼帝国卷入第一次世界大战,青年土耳其党政府与德国、奥匈帝国组成同盟国,对抗协约国。[③]1916 年,协约国拟定瓜分奥斯曼帝国领土的赛克斯—皮克特协议,其中安纳托利亚高原东部的厄尔祖鲁姆、特拉比宗、比特利斯和凡湖地区划归俄国,安纳托利亚高原南部的阿达纳、西里西亚和叙利亚地区划归法国,地中海东岸的海法、阿克和新月地带的伊拉克划归英国,安纳托利亚高原西南部的伊兹密尔、安塔利亚和科尼亚划归意大利。[④]与此同时,俄国和英国政府分别煽动奥斯曼帝国境内的亚美尼亚人和阿拉伯人发动叛乱。

---

① Macfie,A.L.,*The End of the Ottoman Empire 1908–1923*,p.72.

② Shaw,S.J.& Shaw,E.K.,*History of the Ottoman Empire and Modern Turkey*,Vol.2,pp.239–241.

③ Macfie,A.L.,*The End of the Ottoman Empire 1908–1923*,p.119.

④ Palmer,A.,*The Decline and Fall of the Ottoman Empire*,p.237.

　　1918年,奥斯曼帝国战败投降,青年土耳其党政府垮台,青年土耳其党领袖恩维尔、塔拉特和杰马尔出逃, 苏丹穆罕默德六世(1918—1922年在位)与协约国签署摩德洛斯停战和约。根据摩德洛斯和约,奥斯曼帝国解散军队,割让除伊斯坦布尔以外的所有欧洲领土,达达尼尔海峡和博斯普鲁斯海峡实行非军事化,伊兹密尔由希腊管理,协约国控制奥斯曼帝国财政税收以及铁路、航运和通讯线路。摩德洛斯和约规定, 协约国有权在认为必要的情况下占领奥斯曼帝国的任何地区,协约国有权对于亚美尼亚人地区进行武力干涉。①

　　摩德洛斯和约签署以后,英、法、意军占领伊斯坦布尔,进驻安纳托利亚高原及色雷斯,奥斯曼帝国苏丹俯首称臣。1919年,希腊军队在伊兹密尔登陆,进而向安纳托利亚高原腹地挺进,试图占领安纳托利亚高原西部,建立环爱琴海的希腊东正教帝国,奥斯曼帝国往日的辉煌已经成为远去的历史。②

---

①　Macfie,A.L.,*The End of the Ottoman Empire 1908–1923*,p.173.

②　Palmer,A.,*The Decline and Fall of the Ottoman Empire*,p.248.

附录一：

伊斯兰传统文明的基本特征

教俗合一的国家形态

国家所有制的土地制度

穆斯林与非穆斯林的社会对立

一、教俗合一的国家形态

1

伊斯兰传统文明形成于中世纪的特定社会环境,个体生产、自然经济、超经济的强制和广泛的依附状态以及思想的束缚构成伊斯兰传统文明的历史基础,伊斯兰教的诞生和阿拉伯人从野蛮向文明的演进历程则是深刻影响伊斯兰传统文明的重要因素。

先知穆罕默德时代的阿拉伯半岛处于原始社会的野蛮状态,信仰的转变和伊斯兰教的诞生揭开了阿拉伯人建立国家和步入文明时代的帷幕,而公共权力由宗教生活向世俗领域的延伸则是这一过程的核心内容。《古兰经》屡屡强调安拉至上和顺从使者的信仰原则,进而阐述国家权力的政治理论,将尚且鲜为人知的崭新政治概念引入阿拉伯半岛氏族部落的社会体系。先知穆罕默德作为安拉的使者而凌驾于氏族部落之上,不仅负有传布启示的神圣使命,而且行使驾驭社会的世俗权力。先知穆罕默德在麦地那创立的温麦,无疑是《古兰经》所阐述的政治思想和社会理念得以逐步实践的逻辑结果。从宗教意义的顺从到世俗行为的约束,标志着国家权力通过温麦的形式始露端倪。教俗合一的温麦作为伊斯兰国家的原生形态,构成伊斯兰传统文明的基本政治框架。

在中世纪欧洲的基督教诸国,宗教权力与世俗权力长期并立,教会与国家自成体系,分庭抗礼。至于华夏文明及其周边区域,世俗权力极度膨胀,皇权至上的政治体制贯穿封建社会的历史进程。相比之下,教权与俗权的密切结合构成伊斯兰世界传统政治制度的突出现象,宗教与政治长期处于浑然一体的状态则是伊斯兰传统文明区别于中世纪的基督教文明以及华夏文明的显著特征。

2

根据传统伊斯兰教的政治理论,宗教是国家的基础,温麦作为伊斯兰国家的外在形式起源于安拉的意志。温麦兼有国家与教会的双重功能,教会与国家则被穆斯林视作同一概念。超越宗教界限和纯粹世俗范畴的政治行为与温麦的原则大相径庭,并无存在的空间。捍卫伊斯兰教法的神圣地位是伊斯兰国家的目的,维护穆斯林的宗教利益则是伊斯兰国家至高无上的政治准则。

在传统伊斯兰世界教俗合一的特定历史条件下,宗教学说与政治理论错综交织;宗教学说赋予政治理论以神圣的光环,政治理论则体现为宗教学说的延伸和补充。与此同时,政治群体往往体现为宗教派别,政治对抗通常采取教派运动的形式,政治斗争的首要方式便是信仰的指责。形式各异的教派运动皆有相应的政治基础、政治目的和政治手段,反映不同的社会群体之间政治利益的矛盾对抗。

传统伊斯兰教认为,安拉是温麦的主宰,是世人的君王,沙里亚则是安拉意志的体现和安拉规定的法度,是先于国家的秩序和尽善尽美的制度,芸芸众生只有遵循沙里亚的义务,绝无更改沙里亚的权力,即使哈里发亦不可随意立法,而必须服从沙里亚的约束。另一方面,伊斯兰世界的传统理论强调君权神授和君权至上的政治原则,强调君主的统治权力和臣民的从属地位;统治者是其臣民的牧人,统治者将为自己的行为和臣民的行为对安拉负责,而选择统治者和惩罚统治者的权力只属于安拉。至于臣民享有的权利,在伊斯兰世界的传统政治理论中则缺乏明确的阐述。所谓臣民终止顺从统治者和反抗统治者的相关规定往往只是理论上的虚构和道义上的制约,现实意义微乎其微,而忠君思想则是传统伊斯兰政治理论的实质所在。

3

麦地那哈里发时代,古老的阿拉伯半岛刚刚告别野蛮的秩序而初入文明的社会,独尊安拉的共同信仰尚未完全取代阿拉伯人的血缘联系,氏族部落的传统势力根深蒂固,原始民主制的残余和权位继承的非世袭传统深刻地影响着穆斯林的政治生活。特定的历史条件决定了麦地那哈里发国家的共和政体,财产占有状况的相对平等、浓厚的部族色彩和强烈的民主倾向则是麦地那哈里发时代的鲜明特征。麦地那哈里发时代末期,穆斯林内部的贫富差距日渐扩大,社会对立日趋加剧,共和政体陷入深刻的危机。

穆阿威叶即位后,在伊斯兰世界首开哈里发家族世袭的先河,伊斯兰国家的政治制度随之由共和制转变为君主制。阿拔斯王朝建立后，沿袭倭马亚时代君主制的政治传统，历任哈里发皆系阿拔斯家族的成员。阿拔斯哈里发国家具有浓厚的宗教色彩，阿拔斯哈里发的统治权力被认为是来自安拉的赐予。哈里发每逢朝廷典礼和宗教节日皆身着据称是先知穆罕默德遗物的斗篷，并在宫中聘用宗教学者依据经训阐述的原则制定统治政策和进行神学宣传，以示其权力的合法与地位的神圣。哈里发不仅自居为伊斯兰教和伊斯兰世界的捍卫者，而且被视作全体穆斯林的宗教领袖，集教俗权力于一身，凌驾于社会之上，处于神圣不可侵犯的地位。对于哈里发的任何冒犯，都被视作宗教意义的亵渎。

继哈里发国家之后统治中东长达六个世纪之久的奥斯曼帝国采用君主制政体，苏丹的权位继承遵循奥斯曼家族世袭的政治原则。伊斯坦布尔的苏丹凌驾于臣民之上，象征着奥斯曼帝国的统治。另一方面，奥斯曼帝国沿袭哈里发时代教俗合一的历史传统，政治生活具有浓厚的宗教色彩。伊斯坦布尔的苏丹自诩为"信士的长官"，俨然是阿拔斯王朝哈里发的继承人，兼有世俗与宗教的最高权力。保卫伊斯兰世界的疆域、统率穆斯林对基督教世界发动圣战和维护伊斯兰教法的神圣地位，是奥斯曼帝国苏丹的首要职责。奥斯曼帝国尊奉逊尼派伊斯兰教作为官方的意识形态，哈奈菲派教法构成官方法律制度的基础。沙里亚位于奥斯曼帝国法律体系的顶点，规定穆斯林的个人行为以及穆斯林与非穆斯林的相互关系，直至规定社会秩序和国家制度，具有至高无上的地位和不可侵犯的神圣性。

萨法维王朝亦强调伊斯兰教的神权原则，尊奉什叶派伊斯兰教作为官方意识形态，实行教俗合一的政治制度。萨法维王朝的国王自称伊马目家族的后裔和"安拉在大地的影子"，兼有什叶派宗教领袖与世俗君主的双重权力。什叶派伊斯兰教的官方宗教学说赋予萨法维国王以神圣的外衣,成为萨法维王朝驾驭社会和统治民众的重要工具。

二、国家所有制的土地制度

1

伊斯兰传统文明的显著特征,表现为经济领域的国有倾向。国家土地所有制的长期存在,构成中古时代中东历史的突出现象。国有土地的赐封导致社会成员之间深刻的经济对立,构成伊斯兰世界封建关系的重要内容。国有土地的经济制度与私人支配土地的经济现实之间的矛盾运动,贯穿中东封建社会的历史进程。

伊斯兰传统文明脱胎于阿拉伯半岛的野蛮状态;氏族部落社会特有的原始公社土地所有制,构成伊斯兰世界土地制度演变的起点。在前伊斯兰时代的阿拉伯半岛,原始公有制的财产关系广泛存在,土地无论作为耕地抑或作为牧场皆由血缘群体成员共同支配。先知穆罕默德时代,阿拉伯半岛的土地关系发生深刻的变化。《古兰经》规定一切土地皆属安拉及其使者所有, 进而阐述了国家土地所有制的经济原则。血缘群体诚然在大多数情况下依旧构成世袭占有土地的基本单位, 而先知穆罕默德至少在理论上开始超越血缘群体的狭隘界限,获得支配土地的最高权力,作为"凌驾于所有这一切小的共同体之上的总和的统一体表现为更高的所有者或唯一的所有者"。

《古兰经》阐述的国家土地所有制,根源于阿拉伯半岛的客观物质环境,构成原始公有制的土地关系在文明时代的历史延续。先知穆罕默德时代依据《古兰经》的相关启示所征纳的天课,不仅具有宗教意义,而且是国家权力得以实现的重要形式,其实质在于宗教形式下租税的合一。"国家既作为土地所有者,同时又作为主权者而同直接生产者相对立。"

2

先知穆罕默德时代，斐伊作为土地关系的崭新形式在阿拉伯半岛始露端倪。斐伊特指安拉赐予其使者的土地，引申意义为国家直接支配的耕地。

麦地那哈里发时代，穆斯林开始走出阿拉伯半岛，伊斯兰世界进入大规模对外扩张的发展阶段。麦地那哈里发国家的对外扩张主要表现为军事占领的过程，而军事占领直接导致地权性质的改变。麦地那哈里发国家根据《古兰经》规定的相关原则，沿袭阿拉伯半岛的传统和先知穆罕默德的先例，在被征服地区广泛实行国家土地所有制。所有被征服的土地皆被视作斐伊，成为哈里发国家的公产和全体穆斯林的共同财源。

欧默尔规定：穆斯林战士不得将被征服者作为奴隶据为己有，亦不得随意侵吞他们的财产或通过其他形式加以奴役；安拉赐予的土地必须留给被征服者继续耕种，向他们征收贡税并由全体穆斯林共同享用。贡税关系的广泛确立，不仅体现哈里发国家的统治权在被征服地区的存在，而且构成哈里发国家的土地所有权"借以实现的经济形式"。哈里发国家在沿袭拜占廷帝国和波斯帝国原有农作方式的基础之上，通过贡税的形式，在全体穆斯林与被征服人口之间建立起封建性质的土地关系。迪万制度和年金的分配，体现了全体穆斯林对于被征服地区直接生产者的剩余劳动的集体占有。

3

伊克塔是哈里发时代伊斯兰世界土地制度的重要形式,本意为地产的赐封,源于《古兰经》的相关启示,国家土地所有制构成地产赐封的前提条件,斐伊则是地产赐封的基本来源。

先知穆罕默德时代,伊克塔首先表现为耕作权利的赐封,荒地居多,面积较小,处于自耕状态,受封者即为直接生产者,而耕种土地构成受封者获取生活资料的基本方式。

先知穆罕默德时代,更多的伊克塔表现为土地收成之份额的赐封。土地收成之份额的赐封不同于耕作权利的赐封,导致受封者与直接生产者之间深刻的经济对立。

倭马亚王朝建立以后,特别是阿拔斯时代,伊克塔作为军事封邑日渐盛行。在塞尔柱人统治下的西亚和自阿尤布王朝至马木路克时代的埃及,军事伊克塔制的发展达到顶峰。作为军事封邑的伊克塔系土地受益权的赐封而非土地所有权的赐封,兼有国家公田与民间私田的双重性质,处于国有与私有之间的过渡状态。受封者无权以个人的名义支配土地,仅以享用封地的岁入作为目的,具有非世袭性和非等级性。伊克塔的频繁更换,诚然是国家控制受封者的有效手段,却无疑排斥着地权私人化与地产市场化的进程。

4

奥斯曼帝国沿袭哈里发国家的历史传统,援引伊斯兰教的相关原则,实行国家土地所有制。奥斯曼帝国的国家土地所有权,起源于奥斯曼帝国作为征服者的统治权。

伊斯坦布尔的苏丹至少在理论上拥有全国的土地,以提供兵役作为条件将土地作为封邑授予穆斯林贵族。国家对于土地的绝对控制是封邑制度赖以存在的前提条件,封邑面积的增减与国家土地所有制的兴衰表现为同步的状态。封邑的耕作者系隶属国家的佃农,处于政府的保护之下,世代享有土地的耕作权,地租的征纳标准、征纳时间和征纳方式均由苏丹确定,封邑的领有者无权更改。封邑的领有者并无土地的所有权,只是土地收成的享用者,未经国家允许不得出售和转让土地或将土地赠与他人。所有封邑均由苏丹直接赏赐,并由中央政府登记造册,贵族内部的等级分封则被严格禁止。

尽管封邑的领有者试图获得苏丹的允准,将封邑传与子嗣,然而封邑的世袭显然缺乏必要的法律依据,提供相应的兵役则是领有封邑的前提条件。封邑制度作为国家土地所有制的逻辑延伸,不仅是奥斯曼帝国军事制度的重要基础,而且构成奥斯曼帝国经济社会制度的突出特征。

三、穆斯林与非穆斯林的社会对立

1

传统伊斯兰世界强调伊斯兰国家统治区域与非伊斯兰国家统治区域之间的差异，同时明确区分伊斯兰国家统治区域内的穆斯林臣民与非穆斯林臣民。穆斯林与非穆斯林的长期并存，构成传统伊斯兰世界社会生活的显著特征。穆斯林与非穆斯林之间的广泛对立，贯穿传统伊斯兰世界的历史进程。吉玛人的长期存在和米勒特制度的实践，集中体现伊斯兰世界穆斯林与非穆斯林之间的对立状态。

穆斯林与非穆斯林之间的社会对立，缘起于先知穆罕默德时代阿拉伯人自野蛮向文明过渡的历史进程中社会结构的深刻变革，是先知穆罕默德时代阿拉伯社会宗教矛盾的集中体现和穆斯林圣战实践的直接结果。《古兰经》严格区分多神崇拜的阿拉伯人与一神信仰的犹太人和基督徒，将前者称作"以物配主的人"，而将后者称作"有经典的人"；"以物配主的人"只能在皈依与死亡之间做出选择，"有经典的人"则可通过缴纳贡税作为条件换取穆斯林的保护。

先知穆罕默德去世后，哈里发国家征服阿拉伯半岛以外的广大区域，非穆斯林臣民数量剧增，犹太人和基督徒作为"有经典的人"无疑处于哈里发国家的保护之下，琐罗亚斯德教徒亦被纳入被保护者的行列。

2

　　吉玛人是所谓的"有经典的人"之宗教概念在现实领域的逻辑延伸,特指在伊斯兰国家的疆域内通过订立契约的形式接受保护的非穆斯林臣民。保护与依附之间无疑具有内在的逻辑联系,吉玛人作为被伊斯兰国家保护的社会群体,长期处于依附和从属的地位。

　　哈里发时代,伊斯兰国家援引《古兰经》的相关启示,承认吉玛人在缴纳人丁税的条件下保留原有的宗教信仰,进而赋予吉玛人相对的自由和有限的自治权利,同时禁止吉玛人出任官职,将吉玛人排斥于政坛和征战领域之外。吉玛人不得享有与穆斯林同等的政治权利,吉玛人担任国家官职进而对穆斯林行使权力被视作非法。伊斯兰世界在理论上必须执行伊斯兰教法,然而伊斯兰教法在大多数情况下仅仅局限于规范穆斯林的社会行为,哈里发国家通常允许犹太人和基督徒沿袭各自原有的宗教法律,其司法仲裁诉诸各自的宗教首领。但是,吉玛人如果涉及与穆斯林之间的诉讼,必须依据伊斯兰教法予以裁决;穆斯林法庭在裁决时,往往拒绝接受吉玛人的誓言和所提供的证据。《古兰经》承认奴隶存在的合法地位,而吉玛人却不得拥有穆斯林作为奴隶。伊斯兰教法允许吉玛人改奉伊斯兰教,却禁止穆斯林改奉其他宗教,禁止基督徒和犹太人改奉除伊斯兰教外的其他宗教。伊斯兰教法禁止吉玛人娶穆斯林妇女为妻,却允许穆斯林娶吉玛人之女为妻。吉玛人尽管享有保留原有宗教信仰的权利,其宗教活动却常受种种限制,宗教迫害的现象亦时有发生。然而,法律规定与社会现实常常不尽吻合,差异甚大。综观哈里发时代的伊斯兰世界,穆斯林对吉玛人的歧视和迫害的程度十分有限,宗教宽容则是此间伊斯兰世界社会生活之区别于基督教世界的明显特征。

伊斯兰世界的吉玛人与中世纪西欧的农奴作为封建时代的社会成分,均处于依附的状态。然而,伊斯兰世界的吉玛人与中世纪西欧的农奴所处的历史环境存在明显的差异。在伊斯兰世界,吉玛人从属于国家而不是依附于作为个体的穆斯林。相比之下,中世纪西欧的农奴制根源于特定的地租形态,存在于公权私化的政治环境;农奴承担劳役制地租,从属于封建庄园的领主。另一方面,穆斯林与吉玛人之间的对立具有浓厚的宗教色彩,农奴制度则表现为明显的世俗倾向。

3

奥斯曼帝国疆域辽阔,社会构成表现为明显的多元状态,语言、民族、经济活动和生活方式诸多方面差异甚大,不同的宗教信仰则是区分诸多社会群体的基本标志。

奥斯曼帝国的统治者沿袭哈里发时代形成的吉玛人制度,实行所谓的米勒特制度,进而将臣民划分为穆斯林、希腊人、亚美尼亚人和犹太人四大群体。

附录二：

中东现代化进程的历史轨迹

教俗合一的国家形态

中东现代化进程的启动

现代民族国家的兴起与绝对主义的现代化模式

工业化的演进趋势

地权的演变与乡村农业的发展

社会生活的变迁

宪政制度与民主化进程

世俗主义与伊斯兰主义

一、教俗合一的国家形态

　　所谓的"世界历史"，无疑是人类社会不断走向解放的漫长过程。如若从宏观角度审视世界历史，不难发现，人类社会在走向解放的漫长过程中先后历经两次深刻的转变。人类社会的第一次解放，发生于自野蛮向文明过渡的历史阶段，其核心内容在于原本仅仅从属于氏族部落和作为"整体的肢体"的个人逐渐摆脱血缘群体的束缚，成为独立存在的社会成员，是为文明化。人类社会的第二次解放，发生于自传统文明向现代文明过渡的历史阶段，其核心内容在于独立存在的社会成员逐渐摆脱依附状态而走向自由的时代，是为现代化。

　　现代化的历史进程包含诸多因素的矛盾运动，其实质在于所有制的变革和社会形态的更替。个体生产、自然经济、乡村农业的统治地位、社会生活的封闭状态、广泛的超经济强制、普遍的依附倾向和思想的束缚无疑是传统社会的基本要素,所谓的现代化主要表现为从个体生产向社会化生产的转变、从自然经济向商品经济的转变、从农本社会向工业社会的转变、从封闭向开放的转变、从奴役向自由的转变、从专制向民主的转变。生产的社会化、经济的市场化、工业化、城市化、人身的自由化、社会秩序的法治化、政治生活的民主化和意识形态的个性化构成现代化的普遍趋势和基本方向,生产的进步、经济的发展和财富的增长则是现代化的深层物质基础。

所谓的"现代化"即从传统文明向现代社会的过渡无疑是世界历史发展的客观规律,中东地区的现代化则是世界现代化进程的重要组成部分。世界现代化进程的终极目标无疑具有同一性,然而不同国家的现代化道路却不尽相同,可谓异曲同工,殊途同归。中东现代化的特定内涵在于封建主义的衰落、传统秩序的解体和资本主义的长足发展,传统的封建主义与新兴的资本主义两者之间的矛盾运动贯穿中东现代化的进程。伊斯兰传统文明与中东现代化进程两者之间具有内在的逻辑联系和历史联系。西方的冲击固然构成深刻影响中东地区现代化进程的外部因素,而伊斯兰传统文明的特定历史背景从根本上决定着中东现代化进程之区别于其他诸多地区现代化进程的特殊道路。土地所有制的非国有化运动、穆斯林与非穆斯林之间社会界限的淡化和法律地位的趋同、现代民族国家的兴起以及民族主义、极权主义与国家资本主义的广泛实践,标志着中东现代化进程的长足进步。

二、中东现代化进程的启动

自 15 世纪开始,传统的农本社会在西方基督教世界逐渐衰落。伴随着统一民族国家的形成、重商主义的实践和工业革命的完成,西方基督教世界迅速崛起,实力剧增。相比之下,中东伊斯兰世界的历史进程处于停滞的状态,农本社会长期延续。西方的崛起和中东历史的相对停滞状态,导致基督教世界与伊斯兰世界之间力量对比的失衡。西方基督教世界的崛起,无疑标志着现代文明的诞生。中东伊斯兰世界的停滞状态,其特定内涵在于传统秩序的根深蒂固。文明的落差导致西方冲击的历史浪潮,现代化进程随之自西方基督教世界向中东伊斯兰世界逐渐延伸。

中东伊斯兰世界的现代化进程缘起于西方的冲击,特定的国际环境构成中东伊斯兰世界现代化进程中至关重要的外部因素。工业革命导致扩大产品市场和增加原料供应的迫切需要,是为西方列强之世界性扩张的内在根源。进入 19 世纪,西方列强的战争威胁促使奥斯曼帝国的苏丹、埃及的帕夏和恺伽王朝的国王致力于自上而下的新政举措,中东伊斯兰世界的现代化进程由此拉开序幕。

中东伊斯兰世界的统治者推行新政的初衷,无疑是强化君主制度和维护传统秩序,进而应对西方基督教世界的崛起和由此形成的外部威胁。新政举措所涉及的范围,亦大都局限于上层建筑和器物层面。然而,推行新政的主观目的与客观后果不尽吻合,两者之间存在明显的悖论倾向。所谓新政的核心内容是组建新军,组建新军的直接原因是战争的需要,而组建新军的前提条件则是筹措巨额的军费。新政期间,中东伊斯兰世界的统治者极力寻求扩大财源的途径,旨在增加岁入,保证军饷的支付和军事装备的购置。传统社会与新政期间的统治者皆具有聚敛财富和增加岁入的强烈需求,而两者聚敛财富和增加岁入的方式却迥然不同。在传统社会,自给自足的自然经济占主导地位,农业构成基本的经济部门,占有土地则是聚敛财富和增加岁入的首要来源。新政期间,中东伊斯兰世界的统治者相继兴办现代工业,推行重商主义的经济政策,获取货币取代占有土地成为时尚,传统社会的冰山开始出现溶化的迹象。

19世纪以前,中东伊斯兰世界与西方基督教世界之间并非处于隔绝的状态,而是存在一定程度的相互交往。伊斯兰世界与西方基督教世界之间的交往,通常表现为战争的形式,亦包含有限的商业贸易,传统手工业产品是中东伊斯兰世界输出欧洲基督教世界的主要商品。进入19世纪以后,中东伊斯兰世界与西方基督教世界之间的贸易交往呈明显上升的趋势。西方列强往往通过战争的手段,强迫奥斯曼帝国及恺伽王朝签署一系列的不平等条约,进而向中东伊斯兰世界倾销廉价工业品。西方工业品的倾销导致中东伊斯兰世界经济领域的深刻变化,货币关系的扩大、地租形态的转换、农作物结构的调整、农产品出口的急剧增长和农业生产市场化程度的明显提高构成此间中东伊斯兰世界经济生活的突出现象,中东伊斯兰世界的传统手工业则由于西方廉价工业品的竞争而趋于衰落。自19世纪中叶开始,中东伊斯兰世界与西方基督教世界之间的交往逐渐由贸易领域扩展至投资领域,西方列强在中东诸地直接投资,筑路建厂。与此同时,西方列强通过提供高息贷款的方式,控制中东伊斯兰世界的经济命脉,西方货币充斥于中东伊斯兰世界的流通领域。至19世纪后期,中东伊斯兰世界逐渐沦为西方工业国的农产品供应地和工业品市场,传统经济秩序濒临崩溃,自给自足的封闭状态亦不复存在。

19世纪的奥斯曼帝国和恺伽王朝无疑呈日渐衰落的趋势。然而,奥斯曼帝国和恺伽王朝的衰落不同于哈里发国家的解体。哈里发国家的解体发生于传统文明的框架之内，根源于传统社会内部诸多因素的矛盾运动。相比之下，奥斯曼帝国和恺伽王朝的衰落发生于从传统文明向现代文明过渡的特定历史条件下，既是传统社会诸多因素矛盾运动的结果，亦与近代欧洲的崛起和西方的冲击具有内在的逻辑联系。财政岁入的日渐枯竭、对外战争的接连失利、地方离心倾向的增长和王权的式微，尽管构成奥斯曼帝国和恺伽王朝衰落的历史链条，却未触及中东伊斯兰世界传统秩序的深层根基而仅仅局限于上层建筑和器物层面。近代欧洲的崛起和西方的冲击不仅加速着奥斯曼帝国和恺伽王朝的衰落，而且催生着中东伊斯兰世界之现代文明的兴起。西方廉价工业品的倾销和国际分工的扩大，导致中东伊斯兰世界经济社会领域的剧烈变革，构成瓦解中东伊斯兰世界传统秩序的催化剂。中东伊斯兰世界逐渐丧失传统时代的自主地位，卷入资本主义的世界体系，进而成为西方列强的原料供应地和工业品市场，经济社会生活随之从封闭状态走向开放。奥斯曼帝国和恺伽王朝的衰落并非意味着中东伊斯兰世界的全面衰落，而是包含新旧经济秩序的更替、新旧社会势力的消长、新旧思想的冲突、民主与独裁的抗争等现代化进程中的特有现象，体现中东伊斯兰世界的长足进步。奥斯曼帝国和恺伽王朝衰落的实质在于中东伊斯兰世界传统秩序的解体和新旧社会形态的更替，而奥斯曼帝国的崩溃和恺伽王朝的寿终正寝构成中东伊斯兰世界现代化进程的重要历史内容，标志着中东伊斯兰世界之新生的开始。

中东伊斯兰世界的现代化进程发端于奥斯曼帝国统治下的小亚细亚半岛和埃及，继而向新月地带和伊朗高原逐步扩展，直至延伸到阿拉伯半岛。自20世纪30年代开始，西方石油公司在波斯湾沿岸发现石油，由此掀开阿拉伯半岛历史进程的崭新一页。如同古代的阿拉伯人伴随着伊斯兰教的产生而经历从野蛮向文明过渡的深刻历史变革,石油的发现促使阿拉伯半岛告别传统社会,进而步入现代化的历史阶段。石油时代的到来,缘起于西方经济对于能源供应的严重依赖。石油的开采以及石油经济的迅速发展,则是联结阿拉伯半岛与现代文明的纽带和桥梁。伴随着石油财富的增长,阿拉伯半岛的传统秩序逐渐解体,现代化进程随之启动。石油经济的繁荣,成为阿拉伯半岛现代化进程的重要物质基础。

三、现代民族国家的兴起与绝对主义的现代化模式

现代化的主体是具有完整主权的民族国家，民族主义的广泛实践构成实现生产进步、经济发展和财富增长进而使民众获得自由和尊严的前提条件。纵观世界历史，各个地区由于具体条件的差异而在现代化的进程中经历了不同的发展道路，然而民族主义的兴起和民族国家的形成却是现代化进程中普遍存在的历史现象和不可或缺的必要环节。

16—17 世纪，宗教改革在西欧诸国风行一时，否定教会的权威和排斥罗马教廷的传统势力是宗教改革的宗旨所在。民族教会的建立包含着民族主义的政治实践，世俗化构成推动西欧地区民族独立和民族国家兴起的重要举措。1775—1783 年美国独立战争堪称西方民族革命的典型范例，英国殖民统治的结束导致北美地区现代化的长足发展。相比之下，中东伊斯兰世界现代化的早期阶段与西方的冲击密切相关。西方的冲击固然推动了中东伊斯兰世界农业生产的市场化和初步的工业化进程，促进了中东伊斯兰世界商品经济的发展和货币关系的扩大，加速了中东伊斯兰世界传统经济结构和社会秩序的衰落。但是，殖民侵略和殖民统治作为西方冲击的历史形式，对于中东伊斯兰世界的现代化进程具有十分严重的消极影响。殖民主义的实质在于宗主国对于殖民地财富的掠夺；西方列强的殖民侵略和殖民统治导致中东诸国长期缺乏完整的主权和独立的国际地位，在政治上从属于西方，在经济上依附于西方，是束缚中东诸国经济社会进步的枷锁和制约中东诸国现代化长足发展的障碍。

自由在传统社会原本是相对于奴役状态的法律概念，在现代社会

成为与公民权密切相关的政治概念。自由与民主可谓现代文明的两大主题,主权在民与宪法至上构成现代民族国家的政治基础。中东诸国的现代化进程尽管一度包含西化的倾向,然而所谓的西化只是西方制度的扩张和西方殖民主义的逻辑延伸,诸如议会和宪政等西方制度的移植并未根本改变中东诸国的历史进程,亦未带来真正意义的自由和民主。西方列强的殖民侵略和殖民统治无疑是中东伊斯兰世界走向自由和解放的历史障碍,民族的解放和国家的独立则是中东伊斯兰世界现代化进程得以长足发展的前提条件。特定的历史环境导致中东伊斯兰世界与西方列强之间的尖锐对立。随着民族矛盾的加剧,中东伊斯兰世界的民族解放运动日趋高涨。在尼罗河流域、安纳托利亚高原、新月地带和阿拉伯半岛,诸多主权国家相继崛起于奥斯曼帝国的废墟之上。民族主义的广泛胜利,标志着中东伊斯兰世界的现代化进程步入崭新的发展阶段。

中东伊斯兰世界现代化进程的突出现象,在于民族主义与民主主义的错综交织和此消彼长。民族主义运动与民主主义运动皆属政治层面的历史运动,两者的共同之处在于权力的角逐,不同之处在于前者表现为民族之间的尖锐对抗,而后者表现为民族国家内部诸多阶层和群体之间的激烈冲突。世界历史的进程贯穿着人类不断走向解放的主题,民族主义胜利的结局是民族的解放,民主主义运动的目标则是实现民众的解放。民族主义与民主主义具有内在的逻辑联系,民族主义的胜利是真正实现经济进步和财富增长进而使民众获得权利、自由和尊严的前提条件。中东伊斯兰世界现代化进程中的政治思潮和政治运动,从奥斯曼主义到凯末尔主义、从纳赛尔主义到复兴阿拉伯社会主义、从伊斯兰现代主义到现代伊斯兰主义,无不具有民族主义的浓厚色彩。从民族解放运动的胜利到民主化运动的高涨构成中东伊斯兰世界的现代化进程在政治层面的历史轨迹,绝对主义的现代化模式抑或所谓"发展的独裁模式"则是联结民族解放运动与民主化进程的中间环节。

绝对主义的现代化模式根源于现代化进程中新旧经济秩序和社会势力的深刻对立,极权政治的强化和政府广泛的经济干预构成绝对主义现代化模式的核心要素。凯末尔当政期间的土耳其、纳赛尔当政期间的埃及、礼萨汗和巴列维国王当政期间的伊朗、沙特家族统治下的沙特阿拉伯、侯赛因当政期间的约旦、萨达姆当政期间的伊拉克和阿萨德当政期间的叙利亚,均为绝对主义现代化模式的典范。国家利益和民族尊严的至高无上,堪称诸多绝对主义国家遵循的首要准则。经济社会领域自上而下的深刻变革,标志着绝对主义时代现代化的长足进步。经济的发展与对民众政治参与的排斥以及财富的增长与贫富分化的加剧,构成绝对主义时代现代化进程的普遍现象。以牺牲政治层面的自由和民主作为代价推动新旧经济社会秩序的更替,则是绝对主义时代现代化模式的实质所在。民族主义、极权主义与国家资本主义三重倾向的错综交织,构成此间中东诸国现代化的明显特征。凯末尔、纳赛尔、礼萨汗和巴列维、侯赛因、萨达姆、阿萨德和沙特家族的统治,无不体现民族主义、极权主义和国家资本主义的广泛实践。摆脱从属于西方的政治地位和依附于西方的经济地位,进而争取民族解放和主权独立,是中东诸国现代化历史进程的客观需要;极权主义作为民族主义的逻辑延伸,构成从传统的君主专制向现代民主政治过渡的中间环节;从民族主义的胜利到极权主义的实践,标志着中东诸国现代化进程中政治领域的深刻革命。国家资本主义亦被称作现代形式的重商主义,其核心内容是在私有制的前提下实现政府在经济领域的广泛干预。国家资本主义既是极权主义的经济基础,亦是否定封建生产关系的有力杠杆。民族主义的高涨构成国家资本主义的逻辑起点,极权主义的政治实践则是国家资本主义的先决条件。

　　绝对主义时代，宪法规定的政治制度与现实的政治生活大相径庭，总统和国王凌驾于宪法和议会之上，主权在民、自由平等和保障公民权利的相关条款只是欺骗民众的美丽谎言，形同虚设的议会和政府操纵的选举则是独裁专制的点缀和遮羞布。绝对主义时代的统治者大都致力于塑造平静和稳定的政治氛围，极权政治的强化与平静稳定的政治氛围具有内在的逻辑联系。然而，绝对主义时代的极权政治不同于传统社会的君主专制，亦区别于现代社会的民主政治，具有明显的悖论倾向。绝对主义时代自上而下的改革举措，其主观目的在于强化极权政治，而客观后果却与主观目的大相径庭。随着传统经济秩序的瓦解、工业化的长足发展、交换关系的扩大和市场化程度的提高，新旧社会势力此消彼长，民主化运动的客观物质基础日渐成熟。

　　政治的稳定通常表现为两种基本的历史模式，一种是通过排斥民众参与和强化独裁专制而实现的传统政治稳定，另一种是通过否定独裁专制和扩大民众参与而实现的现代政治稳定。现代化进程在政治层面的历史运动，表现为传统政治稳定的衰落和现代政治稳定的逐渐确立，剧烈的政治动荡则是联结传统政治稳定与现代政治稳定的必要阶段。绝对主义时代之政治氛围的平静和稳定无疑是政治风暴的前奏，变动的经济社会秩序与明显滞后的政治制度之间的深刻矛盾则是政治风暴的源头所在。脆弱的政治基础和内在的悖论倾向，是绝对主义时代的极权政治区别于传统君主政治和现代民主政治的明显特征。独裁的铁幕只能掩盖和压制社会矛盾和政治对抗，却不能消除社会矛盾和政治对抗。在独裁的铁幕掩盖下，社会矛盾和政治对抗不断加剧。民众力量的增强导致民众的政治崛起，民众的政治崛起挑战着绝对主义的极权统治，进而形成民主与专制激烈抗争的动荡局面。

　　政治层面之现代化进程的核心内容在于民众政治参与的扩大和政治民主化程度的提高，而政党政治的演变则是中东诸国政治现代化进程的重要内容。绝对主义时代,中东诸国大都采取一党制或一党独大的政党制度,奉行自上而下的政治原则,政党内部缺乏必要的政治民主,政党政治与政府政治浑然一体。包括凯末尔当政期间土耳其的共和人民党、纳赛尔当政期间埃及的阿拉伯社会主义联盟、巴列维国王当政期间伊朗的新伊朗党和复兴党、阿萨德当政期间叙利亚的复兴党和萨达姆当政期间伊拉克的复兴党在内的诸多政党,皆非广泛体现民众意志的政治组织,只是独裁者控制社会和排斥民众政治参与的御用工具,民众长期徘徊于政治舞台的边缘地带。

四、工业化的演进趋势

中东伊斯兰世界工业化进程的源头,可以追溯到新政期间创办的官营企业。19 世纪前期埃及帕夏穆罕默德·阿里和奥斯曼帝国苏丹马哈茂德二世的新政举措,首开中东伊斯兰世界工业革命的先河。新军的组建和战争的需要无疑是创办官营企业的直接诱因,军火制造业和造船业则是新政期间最重要的官营企业。继官营军事工业创办之后,民间投资兴办现代工业者不断增多,然而其经营领域往往局限于纺织业和食品加工业以及其他日用消费品制造业。与此同时,传统手工业呈衰落的趋势,手工工匠逐渐丧失独立的经济地位,转化为新兴现代工业企业的雇佣劳动力。殖民主义时代,中东伊斯兰世界长期处于从属西方列强的经济地位,农产品的输出和西方工业品的倾销构成中东伊斯兰世界与欧洲基督教世界经济交往的核心内容。殖民主义的实质在于宗主国对于殖民地财富的掠夺,而殖民侵略和殖民统治的直接后果是中东伊斯兰世界的畸形经济发展。由于殖民主义时代的特定历史环境,中东伊斯兰世界的现代民族工业处境艰难,发展速度缓慢,工业投资长期落后于农业投资。

进入 20 世纪,中东伊斯兰世界的民族解放运动日趋高涨,诸多主权国家相继诞生。伴随着殖民主义时代的结束,中东伊斯兰世界的民族工业获得长足的发展。此间,中东诸国大都奉行国家资本主义的经济原则,强调进口替代的工业化发展模式,极力扶持基础薄弱的民族工业。民族主义的胜利可谓国家资本主义的逻辑起点,西方资本的国有化政策掀开国家资本主义的序幕。政府广泛的经济干预、国内市场的保护和工业优先的原则,标志着中东诸国国家资本主义的广泛实践。由于人口的迅速增长与耕地面积扩大的相对滞后两者之间矛盾凸显，人均耕地面积下降，工业化成为缓解人口增长压力和摆脱贫困状态的必要途径。国家资本主义时代，政府投资取代西方投资和国内民间投资，成为中东诸国工业投资的首要形式。政府投资的领域主要是基础设施建设、重工业和技术资金密集型企业，国有化进程则是政府广泛干预和政府投资扩大的逻辑结果。国家资本主义尽管不无弊端，却是推动中东诸国工业化进程的有力杠杆。工业投资的增长、工业基础的扩大、工业结构的日趋完善、工业生产总量的明显增长以及传统工业与现代工业的此消彼长，集中体现中东诸国工业化的长足进步。

在中东特定的历史条件下，国家资本主义的经济发展模式与极权主义的政治模式具有内在的逻辑联系，体现极权主义的政治模式在经济领域的延伸。国家资本主义的经济发展模式服务于极权主义的政治需要，国家资本主义的广泛实践构成极权主义的重要物质基础，而极权主义的削弱与国家资本主义的衰落往往表现为明显的同步过程。20世纪后期，中东诸国政府相继推行以自由化和非国有化为主要内容的新经济政策，私人投资明显增长，私人经济呈逐渐上升的趋势，市场经济日趋成熟。尽管如此，国有经济在中东诸国并未销声匿迹。私人经济尽管经营方式灵活，却因资金匮乏，技术落后，其在工业领域的投资存在诸多局限。相比之下，国有经济资金雄厚，技术先进，虽然体制方面存在种种弊端，却在推动工业化的进程中具有不可替代的作用，进而与私人经济长期并存。与此同时，中东诸国政府相继设立经济特区和自由贸易区，吸引国外投资，寻求扩大国际市场，外向型的出口开放逐渐取代内向型的进口替代而成为中东诸国工业化的普遍趋势。进口替代的经济发展模式尽管构成中东诸多主权国家推动工业化进程的重要阶段，毕竟包含着相对封闭的明显倾向。从进口替代的内向型经济发展模式转变为出口开放的外向型经济发展模式，标志着中东诸国工业化开始步入新的发展阶段,经济市场化的程度随之进一步提高。然而,20世纪后期中东诸国推行的经济改革,其广度、深度和速度大都处于政府的操纵和控制之下,旨在延续国家对于经济生活的主导作用。政府和官僚阶层成为直接受益者以及政府和官僚阶层与新兴资产阶级分享成果,是自上而下推行自由化经济改革的宗旨和前提条件。政府与私人的合资企业,形成政府与私人投资者之间的共同利益。官僚资产阶级逐渐摆脱国家资本主义的经济框架而开始转化为自由资产阶级,亦官亦商者甚多,官商勾结现象严重。包括财政收支失衡、通货膨胀加剧、失业率上升和下层民众生活水准下降在内的诸多问题,并未由于新经济政策和自由化改革的实施而得到有效的解决。

五、地权的演变与乡村农业的发展

国家土地所有制起源于先知穆罕默德时代的阿拉伯半岛,从哈里发时代直至奥斯曼帝国和萨法维王朝统治时期长期延续,构成中东伊斯兰世界传统文明的重要特征。国有土地的赐封导致社会成员之间的深刻经济对立,国家土地所有制与小农个体生产的结合集中体现中东伊斯兰世界封建性质的经济关系。国家土地所有权与私人支配土地的经济现实两者之间的矛盾运动,贯穿中东封建社会的历史进程。

进入 19 世纪,随着商品经济的发展和货币关系的扩大,中东伊斯兰世界的地权形态出现明显的变化,国家土地所有制逐渐衰落。19 世纪 30 年代,奥斯曼帝国废除封邑制,全面实行包税制。包税制的推广排斥着国家对于土地的支配和控制,进而构成国有土地转化为民间地产的中间环节。1858 年,奥斯曼帝国颁布《农业法》,农民租种国有土地的经营自主权明显扩大,直至获得租种国有土地的交易权,地权的非国有化程度进一步提高。在尼罗河流域,穆罕默德·阿里王朝的统治者赛义德废除国家垄断农业生产和农产品专卖的规定,赋予租种国有土地的农民享有自主经营直至抵押和继承的广泛权利,允许民间购置国有土地,推广货币税。在恺伽王朝统治下的伊朗,王室土地和贵族封邑自 19 世纪中叶开始逐渐减少,私人支配的民间地产不断增加,封邑的领有者开始演变为地产的所有者。

地权形态与乡村农业具有密切的内在联系。国家土地所有制的统治地位通常与自给自足的自然经济以及广泛的超经济强制密切相关,其明显特征在于地权分布状态的相对稳定,进而构成遏制土地兼并的重要手段。商品经济发展和农业生产市场化进程的逻辑结果,则是地权的剧烈运动。土地作为商品进入流通领域,瓦解着国家土地所有制赖以存在的基础。地权的非国有化运动无疑是经济市场化的重要内容,其直接后果在于土地兼并的加剧和私人大地产的膨胀。失去土地进而被迫出卖劳动力的农民人数呈明显上升的趋势,乡村社会的贫富差距明显扩大。另一方面,地权的非国有化运动和日趋加剧的土地兼并,决定了地主阶级在乡村农业领域的统治地位和在国家政治生活中的广泛影响。农民作为依附于地主的弱势群体,处于政治生活的边缘地带,无缘分享国家权力,其与地主之间的矛盾对抗日趋尖锐。

尼罗河流域、新月地带、伊朗高原和安纳托利亚高原是中东主要的农业区域。20世纪中叶,土地改革成为上述地区现代化进程中普遍经历的现象。纳赛尔当政期间,埃及政府于1952年、1961年和1969年三次颁布土地改革法令。伊朗国王巴列维长期致力于所谓的白色革命,而土地改革构成白色革命的核心内容。复兴党执政期间,叙利亚和伊拉克政府亦曾颁布土地改革的相关法律。中东诸国现代化进程中的土地改革不同于传统社会之国家随意没收或无偿征用私人地产的模式,强调保护私人财产的基本原则,根据乡村地权的分布状况,限制私人地产的占有规模,超过规定限额的土地由政府统一收购,向缺少土地的农民出售。

土地改革的经济根源,在于地权非国有化运动的条件下土地兼并的加剧、小农经济的衰落、私人大地产的膨胀和贫富差距的扩大。高度发达的极权政治,则是土地改革得以实践的前提条件。中东诸国政府推行的土地改革,旨在通过地权的改变,削弱在外地主的传统势力,缓解乡村社会的贫富对立,强化国家对于乡村和农业的直接控制。土地改革期间建立的合作社通过物价控制、信贷发放和农产品购销政策干预农业生产,进而取代传统的土地贵族,成为联结国家与农民的纽带和政府控制乡村社会的政治工具。合作社的广泛建立,标志着乡村官僚化程度的明显提高和国家权力在乡村社会的广泛延伸。与此同时，传统土地贵族经历普遍的衰落过程，分成制的租佃方式逐渐废止，农民随之开始摆脱依附状态。然而，土地改革并未直接导致贫困农民经济境况的明显改善。小农地产面积有限，财力匮乏，投资严重不足，加之政府控制作物播种和规定收购价格，农民往往入不敷出，债台高筑，直至沦为雇工，或流入城市而导致农业劳动力的严重缺失。相比之下，中等农户投资土地，购置农业机械，采用现代经营模式，提高产量和市场化程度，成为土地改革的受益者。

尽管如此，土地改革无疑构成中东诸国现代化进程的重要环节。经济的市场化无疑是现代化的基础层面，封闭的乡村社会与自给自足的农业生产则是制约经济市场化进程的障碍。大规模的土地改革导致乡村地权分布状况的明显变化，采用封建生产方式经营地产的在外地主阶层由于地权的转移和地产的丧失而呈普遍衰落的趋势，人身依附关系日趋松弛，传统社会结构濒临崩溃。随着地权的趋于分散，相当数量的农民获得必要的生产资料，小农经济广泛发展，农民的自主经营权进一步扩大，农业投入明显增加。小农经济本身并不体现资本主义的生产关系，而是存在于诸多社会形态。然而，在从传统社会向现代社会过渡的历史条件下，小农经济的发展无疑意味着对封建生产关系的排斥，进而成为资本主义生产关系滋生和成长的沃土。土地改革期间小农经济的上升趋势，作为乡村社会和农业领域实现深刻变革的逻辑起点，既是削弱封建地主阶级和封建主义生产方式的重要杠杆，亦是资本主义生产关系在乡村社会和农业领域得以确立的前提条件。土地改革期间，政府通过广泛建立农业合作社，向农民直接发放农业贷款，干预农业生产，实行农产品的征购代销，国家与农民之间初步形成资本主义的经济关系，进而促使国家资本主义在乡村社会和农业领域逐渐延伸。另一方面，由于资本主义性质的农场和农业公司以及机耕土地不在土地改革的范围之内,越来越多的在外地主放弃传统的分成租佃制,采用现代经营方式,推广使用农业机械,扩大雇佣关系,农产品的市场化程度逐渐提高。与此同时,政府通过减免税收的相关政策,吸引在外地主改变资金投向,促使在外地主从投资土地转向投资企业,进而转化为新兴资产阶级,工业化进程随之加快。土地改革期间乡村社会结构的变革、新旧势力的消长、农民的解放和农业的发展,标志着中东现代化的长足进步。

与埃及、伊朗、叙利亚和伊拉克相比,土耳其现代化进程的突出现象是没有经历大规模的土地改革。土耳其政府在凯末尔时代推行的土地改革,主要是有偿分配国有土地和移民过程中出现的无主土地,涉及范围相对有限。土耳其议会在 20 世纪 40 年代和 50 年代颁布的土地改革法案,亦流于形式。由此出现的问题是,土地改革与现代化进程之间具有怎样的内在联系,即土地改革是否构成实现农业生产发展和乡村社会变革的必要条件。在理论上,土地改革的经济根源,在于特定的地权分布与地产结构,即小农经济的普遍衰落与大地产的广泛发展;高度发达的极权政治,则是土地改革得以实践的前提条件。埃及、伊朗、叙利亚和伊拉克的大规模土地改革均发生于极权政治膨胀的时代,既是否定乡村社会的传统模式和促进农业生产发展的重要环节,亦是极权政治自城市向乡村广泛延伸的历史形式。换言之,埃及、伊朗、叙利亚和伊拉克的大规模土地改革与地权分布的严重不平等状态以及极权政治之间具有内在的逻辑联系。与埃及、伊朗、伊拉克相比,土耳其乡村的地权分布与地产结构处于相对稳定的状态,小农经济在土耳其乡村长期占据主导地位,贫富分化程度较低,加之缺乏高度发达的极权政治,土地改革的相关政策和历史进程独具特色。

政治民主化进程亦是影响乡村社会和农业生产的重要因素。绝对主义时代的突出现象,是推行工业优先的经济政策和高比例的工业投资,现代化进程主要表现为工业的长足发展和城市的剧烈扩张。相比之下,土地改革尽管导致地权的变化,加速封建主义生产关系的衰落进程,却未能成为促进农业生产的积极因素。由于农业投资的不足,加之城市化进程导致农业劳动力的严重短缺,农业生产长期停滞不前,农作物产量增长缓慢,乡村社会处于现代化的边缘地带,城乡发展水平明显失衡,农民普遍的贫困状态成为制约中东诸国经济社会发展的重要因素。随着政党政治和选举政治的日臻成熟,增加农业投入、提高农产品价格、维护农民利益和改善乡村的生活境况成为诸多政党扩大政治影响和争夺选票的重要手段。现代化从城市向乡村的延伸、农业的发展和农民地位的改善构成政党政治和选举政治日臻成熟的逻辑结果,农业与工业的发展以及城市与乡村的社会进步逐渐出现和谐的趋势。

六、社会生活的变迁

在传统伊斯兰世界,不同的宗教信仰决定着相应的法律地位。穆斯林与非穆斯林之间广泛的社会对立,构成传统伊斯兰文明的显著特征。1839 年颁布的"花厅御诏",正式承认包括穆斯林、基督徒和犹太人在内的帝国臣民享有同等的法律地位。坦泽马特时代,奥斯曼帝国在沿袭传统宗教法律框架的同时,开始尝试世俗的立法实践,引进世俗法律,废除原本由非穆斯林缴纳的人丁税,打破宗教界限征募士兵,建立世俗法庭,兴办世俗学校,非穆斯林获准出任政府官职,穆斯林与非穆斯林之间的社会界限日趋淡化,诸多宗教群体之间的法律地位日渐趋同,米勒特制度随之解体。

19 世纪末至 20 世纪初,中东伊斯兰世界与西方列强之间的矛盾日趋尖锐。与此同时,中东伊斯兰世界内部的宗教隔阂逐渐缓解,民族意识不断增强,世俗民族主义应运而生,穆斯林与非穆斯林宗教群体借助于世俗民族主义的历史形式实现广泛的政治联合。1882 年奥拉比兵变期间,反对英国的殖民侵略成为埃及穆斯林与科普特派基督徒的共同目标。兵变期间的著名口号"埃及是埃及人的埃及",强调埃及人超越宗教界限而共同致力于埃及的政治解放,具有世俗民族主义的历史内涵。1922 年,图坦哈门陵墓被成功发掘,法老主义以及其后的基督教传统和伊斯兰教信仰均被视作埃及新国家的重要历史遗产,传统的回归和古老民族的再生成为时尚的思潮。土耳其共和国的缔造者凯末尔亦明确强调世俗的民族忠诚取代传统意义上与温麦和哈里发制度相联系的宗教忠诚,强调以顺从国家取代顺从宗教作为土耳其公民的首要义务。1924 年颁布的土耳其宪法规定:土耳其所有的人民,无论其宗教和种族如何,就其身份而言,均属土耳其人;所有土耳其人在法律面前一律平等,任何团体、等级、家族和个人的特权均在被取消和禁止之列。1928年,土耳其国民议会修改宪法,甚至删除伊斯兰教作为土耳其共和国国教的内容。

城市化是现代化进程中的普遍现象。自19世纪开始,中东伊斯兰世界的人口数量呈持续上升的趋势,而城市人口的增长速度明显高于乡村人口的增长速度,城市人口在总人口中所占的比例不断提高。城市化进程与工业化进程通常表现为同步的状态,而乡村社会的变化与城市化进程之间亦具有内在的逻辑联系。传统伊斯兰世界具有农本社会的典型特征,城市通常处于经济舞台的边缘地带,城市工商业构成乡村农业的延伸和补充。伴随着工业化进程的启动,中东伊斯兰世界的城市内涵出现明显的变化,传统城市逐渐演变为现代城市,城市经济随之成为经济生活的中心舞台,城市与乡村的交往迅速扩大。农业的长足进步和农产品市场化程度的提高无疑是城市化进程的深层物质基础,人口的迅速增长、产业结构的剧烈变化和人口流向的明显改变则是推动城市化进程的直接原因。绝对主义的历史条件下极权政治的膨胀、民主化进程的滞后、乡村普遍的贫困落后状态以及由此形成的城乡之间经济社会发展的非同步性,亦是改变人口分布和导致乡村人口流向城市的重要原因。

在现代化的历史阶段,中东伊斯兰世界的人口数量明显攀升,而耕地面积的增长速度相对缓慢,由此形成日趋严重的社会矛盾,工业化则成为缓解人口压力和社会矛盾的有效途径。随着人身依附关系的日渐松弛,越来越多的乡村人口离开土地,移入城市,导致城市人口的急剧膨胀,劳动力市场不断扩大,进而提供了工业化进程中的充足人力资源。然而,中东诸国的工业化进程往往滞后于城市化进程,城市人口的失业率长期居高不下,城市社会的贫富差距不断扩大。现代化无疑伴随着财富增长的过程,然而财富的增长本身并不能带来现代的社会。伴随着财富的急剧增长,财富的分布表现为明显的不平衡倾向。财富的增长与财富合理分配的社会愿望两者之间的矛盾日渐凸显,成为中东伊斯兰世界现代化进程中的突出现象。城市下层民众由于缺乏必要的生活保障而普遍处于无助的状态,激进情绪和极端倾向蔓延,构成中东诸国政府面临的潜在政治隐患。福利性的社会政策,则是海湾诸多君主国缓解社会矛盾的重要举措。

现代化进程中新旧经济秩序的更替,导致社会秩序的剧烈变动和新旧社会阶层的此消彼长。市场化程度的提高瓦解着传统社会的封闭状态,资本主义的生产方式塑造着新兴的资产阶级,工业化的长足进步导致现代产业工人队伍的迅速壮大。国家权力的强化和政府职能的完善助长着社会生活的官僚化趋势,20世纪后期的新经济政策加速着政府官僚转化为资产阶级的进程。传统的巴扎商人和手工工匠沦为现代化进程的牺牲品,其经济实力和社会地位已非往日可比。土地改革无疑是削弱乡村封建主义的有力杠杆,在外地主作为传统社会举足轻重的社会阶层日趋衰落,农民随之逐渐摆脱依附状态。城市化进程的加快导致棚户区的扩张,而棚户区的扩张体现城市下层民众的艰辛生活状况,标志着城市贫富分化的加剧。在海湾地区,石油的开采和石油经济的繁荣加速着游牧人口定居化趋势,外籍劳动力的爆炸性增长成为社会生活的突出现象。

中东伊斯兰世界的社会构成不仅具有部族差异和教派差异的浓厚色彩,而且存在明显的阶级差异。部族对立、教派冲突与阶级矛盾的错综交织和此消彼长,集中体现中东经济社会秩序的剧烈变革。中东诸多国家的宪法明确禁止组建阶级性的政党,凯末尔主义和纳赛尔主义亦强调超阶级的政治倾向,缘起于社会下层的激进政治运动只是被视作争取社会公正的运动,然而阶级斗争并未销声匿迹。在现代化的历史背景下,新旧经济秩序的消长和社会结构的裂变排斥和否定着传统的部族社会和教派社会,社会分化的扩大和贫富差距的加剧助长着社会成员的阶级对立。诸多新兴的政治运动尽管依旧具有部族对立和教派对立的色彩,无疑包含阶级斗争的崭新内容。

七、宪政制度与民主化进程

　　中东伊斯兰世界的传统政治制度,建立在传统经济秩序和社会结构的基础之上，其突出特征在于君主的至高无上和臣民的绝对顺从,国家与民众之间表现为明显的对立状态。自 19 世纪开始,随着传统经济秩序的解体和新旧社会势力的消长,中东伊斯兰世界的传统政治制度丧失赖以存在的物质基础,摇摇欲坠。与此同时,西方现代政治思想逐渐传入中东伊斯兰世界，自由和民主成为民众追逐的时尚和潮流。智力的觉醒和西方宪政制度的移植,集中体现中东伊斯兰世界政治领域的深刻历史变革。

　　客观物质环境的变化导致意识形态的相应变化。伴随着传统社会的衰落、西方文化的传播和现代世俗教育的发展,新兴知识分子渐露端倪,进而登上中东伊斯兰世界的政治舞台。新兴知识分子尽管来源各异,却分享共同或相近的政治理念,崇尚西方现代政治文化,强调主权在民和宪法至上的政治原则,积极倡导司法独立和权力制约,主张实行普选制和议会制,实现公民平等和保障公民权益,进而初步阐述了宪政制度的理论框架。

　　智力的觉醒与政治秩序的变动之间具有密切的内在联系,西方现代政治思想的广泛传播构成中东伊斯兰世界宪政运动缘起的前提条件，而西方宪政制度的移植堪称中东伊斯兰世界西化实践的政治典范。19 世纪末 20 世纪初,奥斯曼帝国、伊朗恺伽王朝和埃及穆罕默德·阿里王朝的统治者相继颁布宪法,召开议会,标志着中东伊斯兰世界逐渐进入宪政时代。然而,西方的宪政制度根源于西方特定的历史进程即资本主义的发展和资产阶级的政治崛起,是西方经济社会深刻变革的逻辑结果,与资产阶级之登上历史舞台和问鼎政坛表现为同步的状态,通常表现为自下而上的过程。相比之下,在 19 世纪末 20 世纪初的中东伊斯兰世界处于现代化进程的早期阶段,传统农业依然占据主导地位,封建土地所有制广泛存在,工业化进程步履维艰,新兴资产阶级羽翼未丰,尚不足以与传统势力角逐政坛和分庭抗礼,西方宪政制度的移植表现为自上而下的过程,具有明显的历史缺陷。包括立宪制、代议制、普选制和政党政治在内的政治形式,并未给中东伊斯兰世界带来真正意义的政治民主,所谓民众的权利仅仅源于统治者的恩赐。经济社会发展水平的严重滞后,加之殖民侵略和殖民统治的特定历史环境,决定了现代政治模式在中东伊斯兰世界的扭曲状态。所谓的民主政治缺乏必要的经济社会基础,尚属无源之水,徒具形式。所谓宪政制度的实质,在于借助现代政治的外在形式维护传统社会统治阶级的既得利益。尽管如此,宪政时代颁布的宪法毕竟包含着诸如自由平等和权力制约的现代政治要素,君主政治与议会政治的二元状态构成宪政时代政治生活的明显特征,议会选举则为新兴社会势力问鼎政坛和角逐国家权力提供了有限的政治空间。宪法的颁布和宪政制度的初步实践,标志着中东伊斯兰世界的现代化进程开始步入现代政治模式与传统政治模式激烈抗争的历史阶段。

传统社会政治模式的特有现象在于民众意志与国家意志之间的深刻对立,表现为依附与强制的明显倾向,而民众意志与国家意志之间的深刻对立通常表现为民众与国家之间的暴力冲突。农民战争贯穿中国传统社会的历史进程,规模之大堪称举世无双;此起彼伏的农民战争固然与其贫困的生活境况不无联系,更是中国传统社会之专制主义极度膨胀的特定政治环境下民众意志与国家意志深刻对立的逻辑结果。相比之下,民众意志与国家意志的趋于吻合无疑是现代化进程的重要组成部分,而民众广泛的政治参与构成民众意志与国家意志趋于吻合的历史基础。民众广泛的政治参与,根源于现代化进程中经济社会领域的深刻变革。农业的统治地位和自然经济的广泛存在,构成传统政治模式赖以存在的客观物质环境。工业化的发展、市场化程度的提高和交换关系的扩大,排斥着依附与强制的传统倾向,进而导致传统政治模式的衰落和现代政治模式的逐渐成熟。民众政治参与的程度,决定着相应的政治制度和国家政策,进而体现民众作为社会主体之解放的程度。政治民主化进程的实质,在于民众通过广泛政治参与而获得政治的解放。议会政治、政党政治和选举政治的日臻完善,构成联结民众社会与国家权力的桥梁和纽带。

政党政治根源于现代化进程的特定历史环境。诸多政党皆有相应的经济基础和社会基础,反映不同社会阶层的政治利益和政治要求。另一方面,诸多政党的政治纲领和政治立场在现代化的进程中并非处于静止不变的状态。现代化进程中新旧社会势力的此消彼长决定着诸多政党之政治纲领和政治立场的相应变化,不同社会阶层之间的力量对比决定着政党政治的模式和走向。19世纪末20世纪初,包括青年奥斯曼党、青年土耳其党和华夫托党在内的诸多政党相继建立,现代政党政治随之在中东伊斯兰世界始露端倪。早期的政党政治兴起于中东伊斯兰世界与西方列强深刻对立的历史环境,尖锐的民族矛盾决定诸多早期政党具有民族主义的明显政治倾向,争取民族解放和实现主权独立构成诸多早期政党的共同政治目标。另一方面,诸多早期政党普遍表现为贵族政治的浓厚色彩和排斥下层民众政治参与的保守立场,系社会上层操纵议会选举和角逐权力的政治工具。进入20世纪后期,随着民族解放运动的胜利、现代主权国家的日渐成熟和经济社会秩序的剧烈变革,民主与专制的抗争成为中东诸多国家政治生活的核心内容,政党政治的演变集中体现民主化的长足进步。随着一党制的衰落和多党制的初步实践,多党制政党政治基础之上的选举政治和议会政治开始成为不同的社会群体角逐权力的政治形式,政治生活的多元格局日渐凸显。

现代化进程中政治领域的突出现象,在于社会上层的贵族与社会下层的民众之间尖锐的政治对立。贵族政治与民众政治的此消彼长,标志着现代化进程中政治层面的运动轨迹。随着传统经济秩序的衰落和社会裂变的加剧,下层民众悄然崛起,进而登上中东伊斯兰世界的政治舞台。早期议会政治的非民众性导致下层民众政治参与的非议会性,超越议会的政治框架则是下层民众政治参与的突出特征。自由主义时代穆斯林兄弟会在埃及的滥觞,可谓下层民众之政治崛起和政治参与的典范,集中体现民众政治与贵族政治的激烈抗争。

多党制的政治实践标志着民众政治参与的扩大,争取民众的支持构成诸多政党的基本准则。在多党制的条件下,民众上升为政治舞台的重要角色,议会选举则是实现民众广泛政治参与的基本途径。诸多政党通过议会选举角逐国家权力,政党政治与政府政治日渐分离,国家、政党与社会的关系随之改变,民众的选择成为权力合法性的唯一来源,民众意志与国家意志趋于吻合。主权在民的政治原则和民众广泛的政治参与,提供了民众意志与国家意志趋于吻合的历史基础。民众意志通过国家意志而得以体现,构成民众意志与国家意志趋于吻合的外在形式。

由于历史背景和社会环境的差异,中东诸国的民主化进程表现为明显的不同步性。土耳其自1950年起通过议会选举的形式实现不同政党之间的权力更替,率先实现政治领域的历史性转变,国家权力的合法性来源于民众的选择成为此后政治生活的基本准则。伊朗1979年伊斯兰革命标志着以君主制为核心的传统政治制度寿终正寝,伊斯兰共和国的建立和普选制的广泛实践奠定了民众广泛参与的政治框架。埃及在萨达特当政期间经历一党制向多党制的转变,阿拉伯社会主义联盟作为唯一合法的政党不复存在,多党制政治进程的启动导致民众政治参与的相应扩大。伊拉克自 20 世纪 80 年代末亦曾解除党禁,尝试引进多党制的政党制度,标志着民主化的初步政治实践。20 世纪 80 年代末 90 年代初,约旦颁布国民宪章,规定自由化进程的政治框架,承诺扩大民众的政治参与范围,恢复议会选举和多党制的政党制度,民主化进程随之启动。20 世纪 80 年代末 90 年代初科威特的民众政治运动,开辟了海湾地区民主化进程的先河;巴林和卡塔尔的民主化运动作为科威特民主化运动的延伸,标志着海湾诸国民主化运动的高涨。90 年代沙特阿拉伯的政治改革,主要表现为"基本法"的颁布和协商会议的召开。1990 年南北也门合并后,也门共和国成为阿拉伯半岛唯一实行共和制政体的国家,首开阿拉伯半岛诸国多党制议会选举的先河。叙利亚于 20 世纪 90 年代调整国内政策,吸收新阶层进入复兴党主导的政府机构,允许非复兴党成员进入国民议会;国民议会的权限和影响逐渐扩大,进而成为缓解国内矛盾的减压阀。然而,诸多阿拉伯国家的民主化进程通常局限于自上而下的政治改革,旨在缓解社会矛盾和释放政治压力,处于摇摆不定的状态,具有明显的不确定性。

八、世俗主义与伊斯兰主义

"世俗化"一词源于欧洲基督教世界,特指宗教生活的非政治化,强调宗教生活与政治生活的分离原则。世俗化并非孤立存在的社会现象,而是与相应的历史环境密切相关。在中世纪的欧洲基督教世界,教会与国家长期并立,宗教生活具有浓厚的政治色彩,宗教权力与世俗权力处于二元状态,罗马教廷和天主教会可谓最具影响的政治势力和传统秩序的集中体现。由于特定的历史背景,旨在否定教会权威和摆脱教廷控制的宗教改革构成欧洲基督教世界现代化进程的重要内容;世俗化进程集中体现世俗与宗教之间的权力争夺,包含民族解放和民众解放的明显倾向与现代化的进程呈同步发展的趋势。

所谓的"世俗化"并非欧洲基督教世界的特有现象,亦曾存在于中东伊斯兰世界的现代化进程。中东伊斯兰世界的世俗化,缘起于西方冲击的历史时代,具有明显的西化倾向,其主要举措包括引进西方的世俗法律,兴办西方模式的世俗教育,关闭宗教法庭,取缔宗教学校,剥夺宗教地产,削弱宗教势力的自主地位。自上而下的世俗化改革,长期伴随着中东诸国的现代化进程。与欧洲基督教世界的世俗化相比,中东伊斯兰世界的世俗化并非严格遵循宗教生活与政治生活的分离原则,而是强调国家和政府对于教界的绝对控制,表现为宗教机构的官僚化和宗教思想的官方化。世俗化改革往往与极权政治的膨胀表现为同步的状态,包含权力模式重新构筑的政治倾向,系官方强化控制民众社会进而建立极权政治的必要举措,其实质在于极权政治自世俗领域向宗教领域的延伸。官僚化的教界和宗教机构处于政府的控制之下,并未脱离政治领域和丧失政治功能,而是成为极权政治的御用工具。国家意志与民众意志的差异,往往表现为官方宗教学说与民众宗教思想的对立和冲突。官方化的宗教学说极力维护现存政治秩序的合法地位,无异于麻痹民众的精神鸦片。

通常认为,宗教改革是基督教世界的特有现象,基督教通过宗教改革而由传统的意识形态转变为适应现代社会的意识形态,至于伊斯兰教则未曾经历过宗教改革,系传统范畴的保守意识形态,是制约伊斯兰世界社会进步的负面因素,而所谓"宗教对抗国家"则是伊斯兰世界现代化进程中的难题。实际情况并非如此。众所周知,社会存在决定社会意识,社会存在的变化必然导致社会意识的相应变化。诸多宗教尽管根源于特定的社会现实,却非处于静止的状态,而是在历史的长河中经历着沧海桑田的变化,尤其是在不同的时代伴随着性质各异的思想变革过程。基督教诞生于古代地中海世界,早期基督教包含下层民众反抗罗马帝国统治的政治倾向,在中世纪的欧洲长期构成封建主义思想体系的重要理论基础,15世纪以后逐渐演变为适应现代西方社会的意识形态。先知穆罕默德时代的伊斯兰教,根源于公元7世纪初阿拉伯半岛从野蛮向文明过渡的特定历史环境,无疑是革命的意识形态和改造阿拉伯社会的重要武器。"穆罕默德的宗教革命……是一种表面上的反动,是一种虚假的复古和返璞。"在中世纪的漫长历史时期,伊斯兰教作为官方的学说趋于保守和僵化,逐渐演变为具有浓厚传统色彩和捍卫封建秩序的思想理论。然而,伊斯兰教绝非一成不变的意识形态,亦非处于浑然一体的状态。现代化进程中客观物质环境的剧烈变化,不可避免地导致伊斯兰教作为意识形态的相应变化。随着新旧经济秩序的更替和新旧社会势力的此消彼长,伊斯兰教经历了深刻的裂变过程,进而形成现代伊斯兰主义与传统教界理论的明显对立。

马克思主义经典作家认为,阶级社会的诸多宗教作为阶级对抗的产物和体现,具有双重的社会功能。一方面,阶级社会的宗教是阶级统治的工具,是统治阶级维护统治秩序和压迫民众的精神枷锁,是"人民的鸦片"。另一方面,在阶级社会,"宗教里的苦难既是现实的苦难的表现,又是对这种现实的苦难的抗议。宗教是被压迫生灵的叹息"。在特定的历史条件下,宗教为民众反抗现实的苦难提供神圣的外衣,进而构成社会革命的外在形式。至于理性通过神性的扭曲形式而得以体现和发扬,在历史长河中亦非鲜见。自 19 世纪开始,伊斯兰世界逐渐步入从传统社会向现代社会过渡的历史阶段,温麦作为教俗合一的国家形态不复存在,世俗民族国家相继建立,世俗化风行一时。极权政治作为"发展的独裁模式"无疑是伊斯兰世界诸多新兴世俗民族国家现代化进程中的普遍现象,而排斥民众的政治参与构成世俗民族国家之极权政治的明显特征。在世俗民族国家之极权政治的历史条件下,独裁政府长期操纵议会选举,排斥世俗政党的政治参与,直至取缔非官方的世俗政党,禁止民众的自由结社,世俗反对派政治势力往往缺乏必要的立足之处,宗教几乎是民众反抗的仅存空间,宗教的狂热则是民众发泄不满和寄托希望的首要形式,清真寺随之取代议会而成为反抗世俗极权政治的主要据点。

　　宗教与政治的结合并非传统政治特有的和唯一的历史模式,而宗教与政治的分离亦非从传统政治模式向现代政治模式转变的必要条件和必然过程,所谓的世俗化进程与现代化进程并非表现为同步的趋势。现代化的历史进程在政治层面的核心内容无疑是民主化的历史运动,其实质在于民众广泛的政治参与和权力分享。民主化的政治进程取决于经济社会领域的深刻变革,而不是取决于宗教信仰和意识形态。至于所谓的世俗化,其特定内涵在于宗教生活的非政治化,并非政治现代化的必要组成部分。综观人类社会的演进历程,世俗政治在诸多地区的传统社会构成普遍存在的历史现象。换言之,世俗政治并非现代社会的特有现象,神权政治亦非仅仅属于传统社会。强调现代化进程与世俗化进程两者之间的必然联系,进而将世俗化视作现代化的重要标志,用世俗化的程度衡量现代化的发展水平,实属令人费解。

进入 20 世纪,伴随着民族解放运动的胜利、诸多主权国家的建立和民族矛盾的缓解,民主化运动在中东伊斯兰世界日趋高涨。与此同时,现代伊斯兰主义在中东伊斯兰世界悄然崛起,构成下层民众广泛政治参与和民主政治挑战极权政治的重要外在形式。现代伊斯兰主义的宗教政治思想不同于教界传统的政治理论。传统教界作为伊斯兰世界传统社会势力的重要组成部分,是传统社会秩序的既得利益者,其与世俗政权之间尽管不无矛盾,却大都局限于传统秩序的框架,无意倡导民主政治。传统教界的政治理论集中体现传统社会的客观物质环境,强调传统秩序的合法地位,是维护传统社会秩序的舆论工具,亦是世俗极权政治的延伸和补充。相比之下,现代伊斯兰主义强调《古兰经》和"圣训"的基本原则以及早期伊斯兰教的历史实践,崇尚先知穆罕默德时代和麦地那哈里发国家的社会秩序,强调真正的伊斯兰教并非远离政治的个人信仰和僵化的神学理论,而是革命的意识形态和民众利益的体现,其核心内容在于借助回归传统的宗教形式而倡导平等和民主的政治原则,进而构成扩大民众政治参与和挑战世俗极权政治的意识形态。现代伊斯兰主义貌似复古,实为借助于回归传统的宗教形式,强调公众参与和公民权利,抨击世俗色彩的极权政治,其基本思想已与教界传统的政治理论相去甚远,无疑属于现代宗教政治理论的范畴,颇具革命的倾向。现代伊斯兰主义的兴起,根源于中东伊斯兰世界现代化进程中社会的裂变和诸多因素的矛盾运动,集中体现世俗极权政治的条件下民主与专制的激烈抗争。现代伊斯兰主义的宗教理论,可谓"被压迫生灵的叹息"与被剥夺权利之下层民众的政治宣言。现代伊斯兰主义的滥觞,标志着崭新的政治文化借助于宗教的神圣外衣在伊斯兰世界初露端倪。现代伊斯兰主义蕴含着民众政治动员的巨大潜力，现代伊斯兰主义运动的实质在于借助宗教的形式否定传统政治模式进而扩大民众的政治参与和实现民众的权力分享。现代伊斯兰主义的政治理念与现代民主政治并非截然对立，两者之间亦非存在必然的悖论。所谓宗教与世俗的对抗，在中东诸国并非"现代化的难题"，亦非体现传统与现代之间的矛盾冲突，而是包含民主政治与极权政治激烈抗争的明显倾向。将现代伊斯兰主义的兴起视作传统的回归抑或现代化进程的逆向运动即所谓反现代化的看法，显然存在商榷的余地。

统治模式决定民众的反抗模式，特定的政治环境塑造着相应的政治理论和政治实践。中东诸国的政治制度与政治环境不尽相同，政治民主化进程参差不齐，现代伊斯兰主义的宗教政治实践亦表现各异。南亚和埃及是现代伊斯兰主义的重要发源地。早在1926年，印度的穆斯林学者阿布·阿拉·毛杜迪首倡现代伊斯兰主义的革命原则和暴力倾向，宣称伊斯兰教是革命的意识形态和革命的实践，其宗旨是摧毁当今世界的社会秩序而代之以崭新的社会秩序。继赛义德·毛杜迪之后，埃及人哈桑·班纳和赛义德·库特布相继阐述现代伊斯兰主义的宗教政治思想，穆斯林兄弟会的宗教政治实践构成埃及现代伊斯兰主义运动的外在形式。穆斯林兄弟会的社会基础是徘徊于政治舞台边缘地带的下层民众，支持者遍及城市和乡村。埃及自20世纪70年代起经历国家资本主义向自由资本主义的演进，贫富分化明显加剧，下层民众的不满情绪日趋高涨，伊斯兰教反对贫富不均和倡导社会平等的信仰原则随之广泛传播。宗教政治挑战世俗政治抑或所谓的宗教对抗国家，成为萨达特时代埃及政治的突出现象。以安拉的统治取代"法老"的统治以及实践《古兰经》的信仰原则和重建先知时代的神权秩序，则是穆斯林兄弟会挑战现存政治秩序的基本纲领。穆斯林兄弟会的著名思想家赛义德·库特布之颇具革命性的现代伊斯兰主义理论，无疑是纳赛尔当政期间极权政治和高压政策的产物。后纳赛尔时代的埃及，民主化进程逐渐启动，极权政治出现衰落的征兆，穆斯林兄弟会的政治立场随之日趋温和，议会竞选的积极参与成为穆斯林兄弟会之主流势力角逐政坛的首要方式。在巴列维国王统治下的伊朗，极权政治的膨胀和绝对主义的高压政策导致现代伊斯兰主义之极端和激烈的政治倾向。阿里·沙里亚蒂和霍梅尼阐述的现代伊斯兰主义宗教政治思想，可谓巴列维当政期间的伊朗之极权政治和高压政策的逻辑结果。伊斯兰革命的胜利和所谓的"头巾取代王冠"，埋葬了伊朗君主独裁的传统政治制度，进而为伊朗民主政治的发展开辟了崭新的道路。自20世纪80年代开始，伊斯兰复兴运动在土耳其趋于高涨，现代伊斯兰主义的政治影响不断扩大。然而，土耳其长期实行多党制的政治体制，政治环境相对宽松，宗教政治与世俗政治的权力角逐在土耳其并未表现为尖锐的对抗和激烈的冲突，尤其是没有形成否定现存政治秩序和重建伊斯兰政体的激进政治纲领。政党政治的活跃、议会政治的完善和选举政治的成熟，决定了土耳其现代伊斯兰主义的温和色彩。宗教政党在土耳其的合法政治活动，以及宗教政党与世俗政党的广泛合作，构成土耳其政治生活的明显特征。20世纪90年代，沙特阿拉伯国内的反对派政治势力呈明显上升的趋势。由于世俗反对派缺乏广泛的社会基础，现代伊斯兰主义成为民众政治崛起进而挑战沙特家族政治和官方宗教政治的主要形式。沙特政府的高压政策，导致宗教政治反对派日趋明显的极端色彩和暴力化倾向。

本书引用的参考文献

一、中阿文部分

布罗代尔:《15—18世纪的物质文明、经济和资本主义》(第三卷),施康强、顾良译,三联书店,1993年。

布罗克尔曼:《伊斯兰各民族与国家史》,孙硕人等译,商务印书馆,1985年。

戴维森:《从瓦解到新生》,张增健等译,学林出版社,1996年。

哈桑·穆阿尼斯:《古代中世纪的阿拉伯国家与文明》,科威特,1978年。

路易斯:《现代土耳其的兴起》,范中廉译,商务印书馆,1982年。

路易斯:《中东:激荡在辉煌的历史中》,郑之书译,中国友谊出版公司,2000年。

马茂德:《伊斯兰教简史》,吴云贵等译,中国社会科学出版社,1981年。

穆罕默德·穆斯塔法·齐亚德:《阿拉伯世界的历史与文明:古代与伊斯兰时代》,开罗,1964年。

伊本·阿希尔:《历史大全》,开罗,1884年。

周南京、梁英明:《近代亚洲史资料选辑》下册,商务印书馆,1985年。

二、英文部分

Ashtor,E., *A Social and Economic History of the Near East in the Middle Ages,*

Berkeley 1976.

Atasoy,Y.,*Turkey,Islamists and Democracy*,London 2005.

Beinin,J.,*Workers and Peasants in the Modern Middle East*,Cambridge 2001.

Cleveland,W.L., *A History of the Modern Middle East*,Boulder 2004.

Devereux,R.,*The First Ottoman Constitutional Period*,Baltimore 1963.

Gelvin,J.L.,*The Modern Middle East:A History*,Oxford 2005.

Gerber.H.,*The Social Origins of the Modern Middle East*,Boulder 1987.

Gordon,M.S.,*The Rise of Islam*,Westport 2005.

Grunwald,K.& Ronall,J.O.,*Industrialization in the Middle East*,New York 1960.

Hamilton,A.,*The Middle East Problem*,London 1909.

Holt,P.M.,Lambton, A.K.S. &Lewis,B.,*The Cambridge History of Islam*,Cambridge 1970.

Imber,C.,*The Ottoman Empire 1300–1650*,New York 2002.

Inalcik,H., *An Economic and Social History of the Ottoman Empire*,Vol.I:1300–1600, Cambridge 1994.

Inalcik,H.,*The Ottoman Empire:the Classical Age 1300–1600*,New York 1973.

Issawi,C., *An Economic History of the Middle East and North Africa*, New York 1982.

Issawi,C., *The Economic History of the Middle East 1800–1914*,Chicago 1966.

Issawi,C., *The Fertile Crescent 1800–1914:A Documentary Economic History*, Oxford 1988.

Jaydan,J.,*History of Islamic Civilization*,New Delhi 1978.

Karpat,K.H.,*Social Change and Politics in Turkey*,Leiden 1973.

Karpat,K.H.,*Studies on Ottoman Social and Political History*,Leiden 2002.

Karpat,K.H.,*Turkey's Politics:The Transiton to A Multi-Party System*,Princeton 1959.

Kennedy,H.,*The Early Abbasid Caliphate*,Princeton 1981.

Kennedy,H.,*The Prophet and the Age of the Caliphate*,London 1986.

Keyder,C.,*State and Class in Turkey*,London 1987.

Khater,A.F.,*Sources in the History of the Modern Middle East*,Boston 2004.

Lapidus,M.A., *A History of Islamic Societies*,Cambridge 1988.

Lewis,G., *Modern Turkey*,New york 1974.

Lindsay,J.E.,*Daily Life in the Medieval Islamic World*,Westport 2005.

Macfie,A.L.,*The End of the Ottoman Empire 1908–1923*,London 1998.

Mez,A.,*The Renaissance of Islam*,Patna 1937.

Miller,W.,*The Ottoman Empire 1801–1913*,Cambridge 1913.

Ochsenwald,W.,*The Middle East:A History*,Boston 2003.

Owen,R.,*The Middle East in the World Economy 1800–1914*,London 1993.

Palmer,A.,*The Decline and Fall of the Ottoman Empire*,London 1993.

Quataert,D.,*The Ottoman Empire 1700–1922*,Cambridge 2005.

Shaw,S.J.& Shaw,E.K.,*History of the Ottoman Empire and Modern Turkey*,Vol.1:*Empire of the Gazis: The Rise and Decline of the Ottoman Empire 1280–1808*,Cambridge 1976.

Shaw,S.J.& Shaw,E.K.,*History of the Ottoman Empire and Modern Turkey*,Vol.2: *Reform,Revolution and Republic: The Rise of Modern Turkey 1808–1975*,Cambridge 2002.

Turnbull,S.,*The Ottoman Empire 1326–1699*,New York 2003.

Udovitch,A.L.,*The Islamic Middle East 700–1900*,Princeton 1981.

Watt,W.M.,*The Majesty That Was Islam,the Islamic World 661–1100*,London 1974.

Wagstaff,J.M.,*The Evolution of the Middle East Landscapes*,New Jersey 1985.

Yapp,M.E.,*The Making of the Modern Near East 1792–1923*, London 1987.

Zurcher,E.J.,*Turkey,A Modern History*,London 1993.

索　引

阿拔斯王朝　15,19,20,31,39,43,

　　130

阿黑门尼德王朝　7,8

阿尤布王朝　20

埃迪尔内条约　116

拜克塔什教团　45,46,80

白羊王朝　23,24,31

德米舍梅制　39,40

迪万制度　130

法蒂玛王朝　20

哈奈菲派　35,44,130

黑羊王朝　23

花拉子模沙王朝　20

花厅御诏　81,85,86,160

加兹尼王朝　16,17,18,19

卡迪里教团　45

卡尔马特派　17

卡洛维兹和约　71

库楚克·开纳吉和约　72

里法伊教团　45

罗姆苏丹国　21,24,25,26,27

麦乌拉维教团　45,46

曼齐喀特战役　19,21,24

米勒特制度　48,50,51,83,136,138,

　　160

摩德洛斯和约　123

纳格什班迪教团　45

青年奥斯曼党　86,87,116,166

萨法维王朝　24,31,32,33,130,131,

　　155

萨珊王朝　7,8,9,13

塞尔柱突厥人　18,19,20,24

赛克斯-皮克特协议　122

琐罗亚斯德教　8,9,136

提马尔制度　38

帖木尔帝国　23

托普卡帕宫　35

伊儿汗国　22,23,24

赞吉王朝　20

最高波尔特　37,82,90